学研のヒューマンケアブックス

自閉症スペクトラム
のある子を
理解して育てる本

監修●田中 哲　藤原里美（東京都立小児総合医療センター）

JN216101

Gakken

はじめに

　ある種の不安とともに、この本を手に取られた方がいらっしゃるだろうと想像します。それは、近くにいるお子さんの特徴が、自閉症スペクトラムと呼ばれる子の特徴とよく似ていると感じるからかもしれません。また、医療機関でそのような診断を受けたお子さんがいるからかもしれません。

　「自閉症スペクトラム」そのものの実体を理解することは大切ですが、「その特徴のある子どもとうまく生活していくためにどうしたらよいか」を考えることは、それ以上に大切なことだと、わたしは考えます。

　一般の病気は、「病気」と「その子らしさ」とは分けて考えることができます。例えば、ぜん息のある子の場合、治療のターゲットになるのは、その子自身ではなくて、その子のぜん息です。仮に治療がうまくいって、ぜん息をなくすことができても、その子らしさがなくなるわけではありません。

　ところが、「自閉症スペクトラムである」ことと「その子らしさ」は、分けることができません。その子らしさから切り離して、自閉症スペクトラムだけを「治す」ことはできないのです。

　自閉症スペクトラムであることを否定することは、その子らしさを否定することになってしまいます。自閉症スペクトラムであることを無視することは、その子を無視することになってしまいます。

　その子と向き合うということは、自閉症スペクトラムであることも含めて、その子を丸ごと受け止めるということなのです。

自閉症スペクトラムのある子どもたちは、そうでない人たちの中で生きるために大変な努力をしています。ですから周りにいるわたしたちも、彼らとともに生きていくために、それに見合った努力をしなくてはなりません。

　その努力をするためには、いくらかの知恵が必要です。わたしたちがもっている知恵はまだ完全なものではありませんが、幸いにして、これまで努力をしてきた人たちによる多くの蓄積があります。

　これから本書で紹介していくのは、自閉症スペクトラムのある子どもとの生活で生じがちなさまざまな難しさを、少しでも減らしていくためのヒントです。難しさから少し開放されたときに、子どもは成長していくことができますし、わたしたちもまた成長していくことができます。

　これらのヒントは、生活の中で生かされたときに、本当の生きた知恵になっていきます。本書のねらいと願いも、またそこにあります。それが実現したときに、その子とともに生きていく生活は必ず豊かなものになると、わたしは信じています。

2016年3月　　田中　哲

序章 あれ? うちの子ちょっと…… と思うとき

1章 自閉症 スペクトラムって?

2章 子どものキモチ、大切なかかわり10
〜家庭や園・学校で〜

3章 子ども・家族のケアとサポート

4章 年代別に見る 子育てのポイント

5章 こんなときどうしたら? ～気になる姿と対応～

■ 日常生活

✿ コミュニケーション

✿ 集団生活

障害名の表記について

本書のテーマである「自閉症スペクトラム」は、診断基準の1つである「DSM-5(3章 P.118掲載)」では「Autism Spectrum Disorder」と記載されており、日本では日本精神神経学会が「自閉スペクトラム症/自閉症スペクトラム障害」という訳を発表しました。一般的には「自閉症スペクトラム」と呼ぶことが多く、「ASD」という略称もよく使われるようになってきたため、本書では「自閉症スペクトラム」と「ASD」という表記を使用します。

序章

あれ？
うちの子ちょっと……
と思うとき

赤ちゃんから小学校に上がるくらいまでに、子どもはどう育つのか。
「ちょっとほかの子と違う……？」と感じるのはどういう姿なのか。
発達のポイントや自閉症スペクトラムの特徴を押さえながら解説します。

うちの子、
自閉症スペクトラム……？

お子さんの育ちや気になる姿に悩み、
不安を感じている親御さんからよく聞かれる声です。

もうすぐ3歳なのに
全然言葉が出ません。
自閉症スペクトラム
ですか？

とても不器用で、
着替えなど生活習慣が
なかなか自立できません。
偏食も強くて大変です。

かんしゃくを
起こすととっても
激しくて、どうしていいか
わかりません。

いつも、
同じあそびばかり
繰り返していて、
大丈夫なんで
しょうか。

コミュニケーションが
独特なので、周りから
「変わった子」と思われて
しまっています。

もっと友達と
あそんでほしいのに、
いつも1人。人に興味がない
みたいなんです。

こうした子どもたちの気になる姿……

読者の方の多くは、お子さんについて、
「うちの子、ほかの子とちょっとようすが違う」
「成長がゆっくりなのかしら……？」
などと感じるところがあって、この本を手に取ったのではないでしょうか。

もしくは、身近にそう感じられる子がいたり、
仕事上で出会う子へのかかわりを模索していて……という方もいるかもしれません。

今は、発達障害や自閉症スペクトラムについて、
書籍やインターネット、テレビなどでたくさん情報が手に入るので、
「この子、もしかしたら自閉症スペクトラム？」
という具体的な思いを抱えている方もいらっしゃるかもしれません。

発達が気になるというとき、
「子どもがどのように育っていくのか」というプロセスを知っておくと、
気になる姿を理解し、対応を考えるうえで大きな手がかりになります。

そこでまず、この章では、0歳からの発達プロセスを解説します。
「できる・できない」を確かめるものではなく、
「どの子もこのように成長する」という見本でもありません。
なぜなら、子どもの発達は多様で、個人差の幅が大きいからです。
また決して、「こういう"気になる姿"が見られるから自閉症スペクトラム」
ということでもありません。

「この部分が少し育ちにくいのかな……？」という視点で、
今、子どもに必要なかかわりを知るための参考にしてください。

 **0歳** の発達プロセスと気になる姿

※「気になる姿」はあくまでも1つの例で、子どもの発達には個人差があります。
この時期にこの姿が見られるから自閉症スペクトラムだということではありません。

●「泣き」から始まるコミュニケーション

おむつがぬれた、おなかがすいた、眠いなどの「不快」を感じて泣くと、お母さんが来て不快感を取り除いてくれる。お母さんが笑いかけ、話しかけ、触れ、心地よい感覚を与えてくれる。このようなやり取りを通して、赤ちゃんは、「この世界は安心で安全だ」ということを理解していきます。

赤ちゃんにとって、初めてのコミュニケーションといえますね。

> **気になる姿**
> 泣きすぎる、
> 泣かなすぎる　など
> →1章P.34・35・41・42
> 参照

	0か月	1か月	2か月
からだ ▶	＊原始反射が見られる （原始反射→詳細はP.30）	＊音に反応する ＊声を出す	
こころ ▶	＊不快なことがあると 泣いて訴える		＊じっと見る

●人への関心は、「言葉の学習」の土台に

「人とやり取りする心地よさ」を感じられる脳をもって生まれてくる赤ちゃん。例えば、お母さんをじっと見たり、目で追ったり、少しずつ、その心地よさを求める表情や動きが見られるようになります。

3か月ごろには、人からあやされるとニコニコしたり、手足をバタバタしたり。あやされることを求めるように、自分からほほえみかけてきたりもします。

●生まれつきもっている好奇心・探究心

　赤ちゃんは好奇心・探究心がいっぱい。さまざまな感覚をフル回転して、世界を感じ取ろうとしています。視覚や聴覚、手の運動が協調できるようにもなり、自分から気になる物に手を伸ばしてつかむようになります。

　このころから、触った物の「素材」「形」「大きさ」を理解したり、それが自分の体のどこに触れているかをかんじる感覚が育ちます。こうして徐々に「触れた物を見分ける」力が育ち、いろいろな感触を受け入れられるようになっていくのです。

気になる姿
周囲に関心がない、
物をつかもうとしない　など
→1章P.34・35・37・41・43参照

3か月	4か月	5か月	6か月
	＊首がすわる		＊寝返りをする
		＊離乳食が始まる	
	＊あやすと笑う（おおはしゃぎ反応）		＊物に手を伸ばしたり
＊親を目で追う	＊興味のあるものを見つめる		口に入れたりする
	＊手に関心をもち、見つめたり口に入れたりする		

　こうして、まだ言葉の意味がわからなくても、大人との間で「あやされる＝ほほえみを返す」というやり取りが成立し、これが「言葉の学習の基盤」となります。

気になる姿
親を目で追わない、あやしても反応しない　など
›1章P.34・35、2章P.96〜99、5章P.190〜193参照

ごろん

●自分の意思で体を動かす

生まれて間もなくは、まだ自分の意思ではなく、外からの刺激に反応して動くという「原始反射」（詳細はP.30）に支配されています。

しかし、少しずつ周りの環境に適応して、3、4か月ごろから、自分の意思で体を動かせるようになります。首がすわり、寝返りをし、少しの間座っていられるようになります。

	6か月	7か月	8か月
からだ ▶	＊お座りをする ＊昼と夜の区別がはっきりし始める		＊両手を使ってあそぶ ＊はいはいをする
こころ ▶	＊いないいないばあを喜ぶ ＊自分から抱っこを求める ＊知らない人をじっと見る	＊人見知りをする　＊後追いをする ＊なん語（あー、うーなど）が盛んになる	

●愛着関係の築き

コミュニケーションやスキンシップを求め始めた赤ちゃんに、お母さんも積極的にかかわります。こうしたやり取りを通してお母さんへの絶対的な信頼感や安心感がはぐくまれていきます。これが「愛着」のスタート。

いつもそばにいるお母さんやお父さんとそれ以外の人との違いがわかって人見知りをしたり、お母さんの姿が見えないと不安で後追いしたりといった姿も見られるようになってきます。

気になる姿
かかわりを求めない、
人見知りや後追いをまったくしない、
スキンシップを激しく嫌がる　など
→1章P.34・35・41・42、2章P.76〜79、
P.96〜99、5章P.190〜193参照

　そして、好奇心や探究心のおもむくまま、はいはい
で動き回り、立とうとする姿も見られます。

気になる姿
なかなか寝返りをしない、座らせてもすぐに倒れてしまう、
はいはいをしないでいきなり歩き始めた　など
→1章P.41・43・50、5章 P.180〜185参照

9か月	10か月	11か月	12か月

＊つかまり立ちをする　　　＊伝い歩きをする
　　　＊手づかみ食べをする

＊手さし、指さしが見られるようになる　　　＊親と一緒に同じものを見て、気持ちを
　　　　　＊バイバイをする　　　　　　　　共有しようとする（共同注意）

ブーブーだね

●相手と同じものを見る=「共同注意」の発達

　お母さんとの心地よいコミュニケーションが、10か月ごろに
「共同注意」という発達につながります。
　これは、視線や指さしなどを利用して、大人と一緒に同じもの
を見ることであり、興味を共有したいという気持ちの表れ。この
発達の過程で、お母さんとの愛着を強くしていきます。

気になる姿
お母さんなどいつもそばにいる人と同じものを見ようとしない　など
→1章P.34・35、2章P.96〜99、5章P.190〜193参照

 **1歳** の発達プロセスと気になる姿

●歩き始め、どんどん広がる世界

　「歩く」には、筋肉や関節へ適切に力を入れて姿勢を保つ、両方の目それぞれをうまく使って距離感をつかむ、転んだりぶつかったりしないように頭と体のバランスを取る……といった力が必要。

　「1人で歩ける」ということは、こういった力が順調に育っている証でもあります。

　1歳前後に歩く力を手に入れた子どもは、ワクワクしながら、より広い外の世界へ飛び出していきます。

> **気になる姿**
> 1歳になってもはいはいをしない・嫌がる、動こうとしない　など
> →1章P.41・43・50、
> 　5章 P.180〜185参照

	1歳		1歳3か月
からだ ▶	＊1人で立つ	＊積み木を2個積む	＊1人で歩く
こころ ▶	＊何かするとき、大人の顔を見て確認する（社会的参照）	＊うれしいとき、何かしてほしいとき、大人の顔をのぞき込む	

●親の表情を確認しながら行動する

　うれしいことや楽しいことを共有したいとき、一緒にあそんでほしいときにお母さんの顔をのぞき込んだり、何かしようとするときに、「これして大丈夫？」といった表情でお母さんを確認し、「大丈夫よ」という反応があると安心して行動します（社会的参照）。

　信頼する大人を心のよりどころにしながら、いろいろなことにチャレンジしようとします。

一緒に読もうね
ちらっ

> **気になる姿**
> 目が合わない、親の顔をまったく見ようとしない　など
> →1章P.34・35、2章P.96〜99、
> 　5章P.190〜193参照

●睡眠リズムが整ってくる

　お昼寝を午前・午後と1日2回していたのが、午後の1回だけに。日中活動的になる分、夜にしっかり眠るようになり、睡眠リズムができてきます。

> **気になる姿**
> 夜泣きが激しい、
> なかなか寝ない　など
> →5章 P.168～171参照

●離乳食が完成し、食の幅が広がる

　前歯が生えそろい、奥歯も出始めて、1日3回の離乳食で必要な栄養分を摂取できるように。
　味付けや食感、食べられる物など、食の幅が広がる一方で、自我も出てきて、好き嫌いが見られるようにもなります。

> **気になる姿**
> 偏食がとても激しい　など
> →1章P.41・42、
> 　5章P.164～167参照

1歳半

＊お昼寝が午後の1回になり、睡眠リズムができてくる　　　＊離乳食完了

＊名前を呼ばれると、返事をする

＊着脱を自分でやろうとする

●自分の名前がわかり、反応する

　自分の名前がわかるようになり、呼ばれると振り向くなどの反応を見せるようになります。
　「○○ちゃん、って言ったらハイ！って言うんだよ」と伝えていると、名前を呼ばれたときに「ハーイ！」と返事をするようになる子も。友達の名前を覚えて、「○○ちゃん」と言えるようになる子もいます。

みきちゃん

はーい！

> **気になる姿**
> 名前を呼ばれても反応しない　など
> →1章P.34・35、2章P.96・99、
> 　5章P.190～193参照

●手さし・指さしでコミュニケーション

10か月ごろから、欲しいものや見つけてうれしいものを、手や指でさして知らせるようになってきます。そして、1歳を過ぎて少しずつ理解できる言葉が増えてくると、聞かれたものを指さして答えることも。

親子でコミュニケーションがとれるようになってきた喜びを感じられる時期です。

ワンワンは？

さっ

気になる姿
手さし・指さしをまったくしない　など
→1章P.34・35、2章P.96〜99、5章P.190〜193参照

	1歳半	1歳9か月
からだ ▶	＊積み木を3個以上積む	＊両足跳びや段差からの跳び降りに挑戦する
こころ ▶	＊なぐりがきをする ＊聞かれたものを、指さして答える ＊意味のある言葉が増えてくる	＊「イヤ」やだだこねが多くなる

ズボンをはこう…

イヤ！

ばっ

●自己主張の第一歩＝「イヤ！」

いろいろなことに意欲的になってきて、「自分でやりたい！」「もっとやりたい！」という主張も強くなります。

お母さんが着替えを手助けしようとすると怒ったり、「ご飯だからおもちゃ、ナイナイしようね」と言うと「イヤー！」とひっくり返って拒否したり……。

また、自分でやりたいのに、まだ思うようにできなかったり、思いがうまく伝わらないためにイライラしたり、かんしゃくを起こしたりすることも。

♪あたま〜

●まねしてあそぶ

　お母さんのまねをしたり、一緒にあそんでもらいたがったりする時期です。

　音楽に合わせて体を動かしたり、手あそびをしたりできるようになってくるので、子どもがまねしたくなるようなあそび歌をたくさん楽しみたいですね。

　「大好きな人と一緒にやると楽しい」という幸福感をこの時期たっぷり味わうことが、その後の心の成長の大きな糧になります。

気になる姿
身近な人に関心を示さない、まねをしない　など
→1章P.34・35、2章P.96〜99、5章P.190〜193参照

2歳 →

＊走る

＊テレビや大人の身振りをまねる

＊二語文が出る
＊思うようにできなかったり、言葉で伝えられなかったりしてかんしゃくを起こす

　これらの自己主張は、体が動かせるようになってきて、言葉も理解し始めたがゆえに感じるもどかしさ。大きな成長の姿です。かかわるのはなかなか大変ですが、おおらかに見守りたいものです。

気になる姿
まったく主張が見られない、
場面に関係なく激しいかんしゃくを起こす　など
→1章P.34・37・38、2章P.96〜99、5章P.190〜193参照

 2〜3歳 の発達プロセスと気になる姿

気になる姿
同じ動きやあそびを
ひたすら繰り返し、
あそびが広がらない　など
→1章P.37・39、
　5章P.208〜213参照

●あそびを広げていく力

このころになると、自分であそびを進めたり、広げたりする力がついてきます。

自分で絵本のページをめくって見たり、積み木を車に見立てて「ブッブー」と走らせたり（見立てあそび）、「ニャーニャー」とネコになったつもりであそんだり（つもりあそび）……。

お母さんがそばについていなくても、ある程度の時間、1人あそびができるようになります。

	2歳	2歳半
からだ ▶	＊スプーンを持って食べる	＊ズボンやかぶり物の着脱をする
こころ ▶	＊「できた」と大人に報告する ＊言葉が爆発的に増えてくる	＊見立て・つもりあそびをする

●言葉が爆発的に増える時期

6か月ごろになると声や言葉を聞き分け、9か月ごろには「バナナ」などの言葉を1つのまとまりとしてとらえるように。1歳ごろには単語それぞれに違う意味があることを理解するようになります。

理解できる言葉を蓄え、いよいよ1歳半くらいから単語をつなげて発語し始めます。そして、2歳までに約400語、2歳半までには900語くらいを習得し、助詞も使い分けられるようになってきます。爆発的に言葉が増

ちっち！

もぞ
もぞ

●おむつからパンツへ

　このころになると、おしっこやうんちが出る前に、お母さんに知らせてきます。脳が発達して、「おしっこやうんちが出そう」という予告をし、それを感じ取ってコントロールできるようになってくるのです。

　ただ、あそびに熱中していて尿意を伝えそびれたり、夜おねしょをしたりしても当たり前の年齢です。トイレトレーニングは、焦らずに、子どものペースに合わせて行うことが大切です。

気になる姿
尿意や便意を感じられない、
伝えられない　など
→5章P.176〜179参照

3歳

＊おむつの使用が減り、パンツへ移行していく　　＊手すりなどを使わずに階段を上る
＊十字や丸をかく

＊なんでも自分でやりたがる　　＊喜怒哀楽の表現が豊かになる

えるといっ現象です。

　言葉の育ちとともに、いろいろな面で意欲的になり、自己主張もより強くなってくる時期ですが、言葉で自分の意志や気持ちを伝えられるようになってくるので、少しかんしゃくが落ち着いてくる面もあります。

　また、怒り、愛情、嫉妬など、感情の幅が広がり、表情や表現が豊かになってきます。

気になる姿
言葉がまったく出ない、
欲しい物があっても言葉で伝えず親の手を持って欲しい物の所まで連れて行く
（クレーン現象）、表情が乏しい　など
→1章P.34・35、2章P.96〜99、
　5章P.190〜193参照

●自分の名前を答える

　「自分」を認識できるようになってきて、言葉で表現する力がついてくる時期。

　「お名前は？」と聞かれると自分の名前を答えたり、「いくつ？」と聞かれると自分の年齢を答えたりといったやり取りもできるようになってきます。

お名前は？

…ひろき！

気になる姿
簡単な質問に答えられない、会話が成立しない　など
→1章P.34・35、2章P.96〜99、5章P.190〜193参照

	3歳	3歳半
からだ ▶	＊積み木を10個積む	
こころ ▶	＊自分の名前を言う	＊「なに？」「どうして？」と質問するようになる

なんで？

●知りたいことだらけの3歳児

　言葉の理解が進んできて、好奇心もおう盛な3歳児。自分の周りのこと、目にするもの、すべてが「不思議」で、「知りたい」対象なので、何かにつけて「なに？」「どうして？」と質問してきます。

　世の中の不思議に気づき、その不思議さを親しい人と共有したい、もっともっと知りたい！　という子どもの思い、興味の広がりを大切にしたい時期です。

気になる姿
周りのことにまったく興味・関心がない、興味が限定されていて広がらない　など
→1章P.34・37・38、2章P.96〜99・100〜103、5章P.190〜193・208〜213参照

●バランスをとり、複雑な動きへ

　2歳ごろには、ジャンプしたり、走ったり、ボールを
けったりと、足を使った動きが充実。さまざまな動きを
経験しながら、基本的な運動能力が発達し、子どもは体
の動かし方や、バランスのとり方を学んでいきます。

　そして3歳ごろになると、三輪車をこいだり、片足で
ケンケンしたりができるようになります。

気になる姿

動こうとしない、動き方がぎこちない　など
→1章P.41・43・50、5章 P.180〜185参照

4歳

＊三輪車をこぐ
＊ボタン・スナップを留める

＊片足ケンケンができるようになる

＊「頭足人（頭から手足が出る人の絵）」をかく
＊服の前後・表裏がわかる

＊物の貸し借りや、順番・交代ができ始める

●手先が器用になって、細かい作業が可能に

　このころになると、手先の細かい動きも上手になってきて、積み木を
10個ぐらい積めるようになります。

　基本的な生活習慣の場面でも、その器用さが発揮され、食事ではスプー
ンなどの道具を使いこなし、着替えでは上着のボタンやスナップを留められ
るようになる子も。

　また、ぐるぐると終わりのない円をかいて
いた段階から、安定した手首使いによっ
て、閉じた円をかけるようになります。

気になる姿

手先を細かく動かすのが極端に苦手　など
→1章P.41・43・50、5章 P.180〜185参照

4~5歳の発達プロセスと気になる姿

気になる姿

食事や排せつ、着脱など、生活の
ことを自分でやろうとしない　など
→1章P.41・43・50、
　2章P.84〜87・104〜108、
　5章P.172〜175・176〜179・
　180〜185参照

●基本的な生活習慣が　身についてくる

　スプーンやはしを使って食事ができる、1人で排せつができる、服を脱いだり着たりしようとする……というように、日常生活の中で自分でできることが増える時期。

　「自分でやろう！」という意欲もわいてきて、少しずつ生活習慣の自立に向かっていきます。

	4歳		4歳半
からだ ▶		＊はしを使って食べる ＊1人でだいたい着脱できる	＊排せつを1人でする
こころ ▶	＊ごっこあそびをする	＊特定の「仲良し」とあそぶ ＊乱暴な言葉・汚い言葉を言っておもしろがる	

●ごっこあそびを楽しむ

　2歳ごろの見立て・つもりあそび（P.20）がバージョンアップして、友達とごっこあそびが楽しめるようになる時期。

　友達とイメージを伝え合いながら、想像の世界を共有するおもしろさに夢中になります。

気になる姿

見立て・つもりあそびをしない、
あそびが広がらない　など
→1章P.37・39、5章P.208〜213参照

●相手の気持ちを考える

相手の視点に立って物事を理解しようとする……この発達をとげる目安は4歳ごろからといわれています（「心の理論」詳細はP.30）。

4～5歳にかけて、特定の友達と一緒に行動して強い仲間意識を感じたり、友達とルールを守ってあそんだりする姿が見られるようになってきます。

相手の気持ちを理解しようとする気持ち、自分の気持ちと折り合いをつけていく力の育ちの表れですね。

気になる姿
友達とのトラブルがとても多い、いつも１人であそんでいる　など
→1章P.34・36、2章P.96～99、
　5章　P.194～199・200～203・
　208～213参照

5歳

＊はさみで続け切りをするようになる

＊ブランコを自分でこいで楽しむ

＊「相手の気持ち」を考えるようになる
（心の理論→詳細はP.30）

＊自分の感情をコントロールするようになってくる

●感情や行動のコントロールを学ぶ

順番を待てるようになるのが、３、４歳。集団の中で、ルールや、我慢することを覚えていきます。

例えば、「かくれんぼ」や「だるまさんがころんだ」などのあそびには、ルールのほかに、じっとしなければならない場面もあり、感情や行動のコントロールが必要。

そうはいっても、我慢できずにかんしゃくを起こすこともありますが、少しずつ、コントロールの仕方や気持ちの切り替え方を学んでいきます。

気になる姿
ルールがわからず激しいかんしゃくを起こす、気持ちがなかなか切り替えられない　など
→1章P.34・37・38・40、
　2章P.68～71・72～75、
　5章　P.200～203参照

●位置関係がわかってくる

　3歳ごろに服の前後や表裏がわかり、5歳ごろには自分の左右や上下がわかり始めます。空間や体の位置関係がつかめるようになってきたということですね。

　例えば、「右手を上げて」と言われて、その通りに動くことができるようになってきます。また、絵や製作などの表現も、立体的になってきます。

気になる姿
服の前後や靴の左右がわからない、
体操やダンスで混乱して動けない　など
→1章P.41・43・50、2章 P.104〜108参照

	5歳	5歳半
からだ ▶		
	＊自分の左右がわかり始める	＊じゃんけんを楽しめるようになる
こころ ▶	＊自他の能力の違いに気づく ＊お手伝いをしたがる	＊集団であそぶのが楽しくなり、 　子ども同士の世界を作り始める

気になる姿
集団への参加を激しく嫌がる、
ルールがわからずパニックになる、
友達とよくトラブルになる　など
→1章 P.34・37、
　2章 P.68〜71・72〜75・
　80〜83・84〜87・96〜99、
　5章P.194〜199・200〜203・
　204〜207・208〜213参照

●集団でのあそび・活動がおもしろい

　クラスの友達と、おもしろい、不思議だなと思うことを一緒に追究したり、「こうなりたい」という目標を共有したりして、みんなで取り組み、育ち合う生活が充実してくる時期。

　ルールのある集団ゲームやお店屋さんごっこなどの役割のあるあそび、みんなの前で発表したり、クラスのみんなで合唱や製作などに取り組む……といった活動に、意欲的に参加しようとします。

●時間の流れがわかってくる

　位置関係の理解が「前─横─後ろ」「左─真ん中─右」と、立体的になるのと同じように、時間の感覚も三次元に「過去─現在─未来」というとらえ方ができるようになってきます。

気になる姿

次に何が起こるかわからず不安になる、過去にあったことが今起こったように感じてパニックになる　など
→1章P.44、2章P.72〜75・84〜87・88〜91・92〜95・104〜108、5章P.186〜189参照

気になる姿

人の目をまったく気にせず恥ずかしい行動をしてしまう、相手が気にしていることを言ってしまう　など
→1章 P.34・36、5章P.194〜199参照

●複雑な感情の芽生え

　社会性が育ってくるのと同時に、人前に出るのが恥ずかしいといった羞恥心（しゅうちしん）やお母さんが友達のことをほめるとおもしろくないといった嫉妬など、複雑な感情も出てきます。

　これも、人の気持ちがわかるがゆえの成長の姿ですね。

6歳

＊ひもの固結び・蝶結びができ始める

＊現在・未来がわかってくる
＊「恥ずかしい」という気持ちが出てくる

＊したいこと、欲しいものを我慢するようになる

　このような経験を重ねていく中で、「今、本当は○○をしてあそびたいけど、これからみんなで□□するから我慢しよう」、「わたしもこれやりたいけど、△△ちゃんにやらせてあげる」というように、我慢したり、気持ちに折り合いをつけたりする力も育ってきます。

　そして、みんなでやりとげる充実感や達成感を味わい、就学に向けて、自信をつけていきます。

 6歳 の発達プロセスと気になる姿

●学習につながる力の育ち

知的好奇心がぐんと高まる時期。「これはどういうこと？」「どうしてそうなるの？」と盛んに質問してきます。

文字や数への関心も高まってきて、6歳前後には、多くの子が文字を読んだり書いたりできるようになり、10まで数えられるようになります。

> **気になる姿**
> 文字や数にまったく興味をもたない
> 文字を読むのにとても苦労する　など
> →1章P.41・42・49、5章P.214〜217参照

	6歳	6歳半
からだ ▶	＊あやとり、こま回しなど細かい作業をする	
こころ ▶	＊文字・数への関心が高まる ＊公共の場でのマナー・ルールを意識し、守ろうとする	

> **気になる姿**
> 公共の場で困った行動が目立つ、
> 友達とのトラブルが絶えない　など
> →1章P.34・36、2章P.80〜83・84〜87、
> 5章194〜199・200〜203参照

●飛躍的な社会性の育ち

友達の家にあそびに行ったとき、電車や病院といった公共の場など、さまざまな社会場面でのルールやマナーを理解し、守るようになります。

また、相手の意図や気持ちが想像できるようになり、友達関係も深まってきます。同時にけんかも増えますが、相手の主張を聞き、受け入れ、意見を調整して折り合いをつけられるようになる時期です。

●全身の運動や、手先の細かい動きが巧みに

全身の運動機能が発達して、ほとんど大人と同じような動きができるようになります。

また、手先の動きも巧みになってくるので、あやとりやこま回し、竹馬など、道具を使った複雑なあそびが楽しめます。

気になる姿
ぎごちない動きや不器用さが目立つ、できないことを本人が気にして劣等感をもっている　など
→1章P.41・43・50・51、2章 P.100～103、
　5章P.180～185参照

7歳

＊片足跳びで前進、スキップをする
＊まゆ・歯・服など人物画の表現が細かくなる

＊1日、1週間の予定がわかるようになる　　＊自分の持ち物の管理ができるようになる
＊相手の立場で考えたり許したりできるようになる

気になる姿
自分のことをしようとしない、何をしたらよいのかわからず行動できない　など
→2章 P.84～87・88～91・
　92～95・104～108、
　5章P.172～175・180～185・
　214～217参照

●自分でやる、自分で動く

基本的な生活習慣、自分のことは自分でするという意識が身につきます。また、時間の感覚も育ち、1日、1週間の予定を自分で確認し、理解できるようになってきます。

学校生活を通じて自分の持ち物を管理し、宿題に取り組み、身の回りを清潔にする……こうした体験から、大人に手助けされながら自己管理ができるようになっていきます。

乳幼児の育ちのキーワード

ここまでの「発達プロセス」の解説に出てきたキーワード、
「原始反射」と「心の理論」について、詳しく説明します。

●原始反射（P.12・14で登場したキーワード）

生まれてすぐ赤ちゃんは自分の意思で動くことはできませんが、てのひらを触ると握り返してくれます。これは意識的に握ったのではなく、反射的な反応で、「原始反射」といいます。原始反射は、生きていくために生まれつき備わっている働き。赤ちゃんが呼吸ができたり、おっぱいが吸えたりするのも、実は反射のおかげなのです。

成長とともに原始反射は消えていき、自分の意思や判断で動けるようになりますが、なんらかの問題があって、この原始反射が残ってしまうと、感覚の偏りや感情コントロールの難しさ、動きのぎごちなさなど、困難を生じます。

この場合、療育（3章P.120〜参照）で原始反射に対して働きかけ、統合していくアプローチなどを試みます。

●心の理論（P.25で登場したキーワード）

4歳ごろに、相手の視点に立って物事を考えるようになってくる ── この発達を「心の理論」といいます。次のような例で考えるとわかりやすいでしょう。

①部屋でボールあそびをしていた女の子。ボールをかごにしまって、外に出かけました。

②ボールを見つけた弟。そのボールを、明日、公園に持って行こうと思って自分のかばんに入れ、部屋を出ていきました。

③外から戻り、またボールであそぼうとした女の子。かごとかばん、どちらを探す？

女の子の視点に立てば、ボールが移動していることは知らないのですから、答えは「かご」ですね。「心の理論」が育っていれば答えられる質問ですが、自閉症スペクトラムのある子はこの発達が遅れる傾向があるといわれています（5章P.195参照）。

1章

自閉症スペクトラムって?

自閉症スペクトラムとは何か、
自閉症スペクトラムのある子はどのような子どもなのか、
まずは、基本的なことを解説します。

自閉症スペクトラムのある子って、どんな子?

始めに、自閉症スペクトラムのある子どもたちのことを知りましょう。
特徴的な姿とその背景について説明します。

　「自閉症」というと、なかなか言葉を話さないイメージがあるかもしれません。しかし最近は、自閉症のグループの1つである「アスペルガー症候群」など、言葉の遅れはなく、知的能力も高い人たちの存在も一般的に知られるようになりました（P.56〜参照）。

　自閉症ととらえられる範囲が広がりつつあるので、このごろは、自閉症や自閉症のグループとされる障害をすべてまとめて、「自閉症スペクトラム」と呼ぶことが増えています。

　英語では「Autism Spectrum Disorder」と言い、その略称の「ASD」という呼び方が日本でも一般的になってきています。そのため、本書では「自閉症スペクトラム」と「ASD」という表記を使用します。

子どもたちに共通する特性

　ひと口に「ASD」といっても、その現れ方は子どもの数だけ違います。ただ、特徴的な姿や言動の根っこにあるもの＝「特性」は、共通しているといえるでしょう。

　その特性の現れ方が強かったり、弱かったり、成長にしたがって変化していったり、いくつかの特性が重なり合っていたり……というふうにさまざまで、1人1人バラエティーに富んだ姿を見せるのです。

ASDのある子どもに見られる特性はおもに３つあります。

> ### ASDの特性
> ●人とのかかわり、コミュニケーションが苦手
> ●興味の偏り、こだわりが強い
> ●感覚の偏り、動きがぎごちない

苦手も得意も丸ごとその子らしさ

特性を挙げると、困難さや苦手さなど、マイナス面ばかりが並んでいるように見えてしまいますが、ASDのある子は不得意なことがある一方で、とても素直でまじめだったり、すばらしい能力をもっていたりします。

例えば、ずばぬけた記憶力を見せる子もいますし、音楽や絵画など、芸術面で才能を発揮する子もいます。有名な起業家や芸術家、学者などで、実はASDという人も、社会でたくさん活躍しています。

特性によって生きづらさを感じている部分もあり、同時に得意なこともある。親御さんや親子を支援する人たちが、子どもの苦手なことや得意なこと、両方を理解して、丸ごとその子らしさとして受け止めてかかわることで、子どもたちはきっと生き生きと育っていくことができます。

では、次のページから、ASDの３つの特性について１つずつ詳しく見ていきましょう。

人とのかかわり、コミュニケーションが苦手

人とのかかわり方に独特のスタイルがあり、
関係を築きづらい姿が見られます。

こんな姿が見られます

　ASDのある子どもたちは、「見たり、聞いたり、感じたりしたことを理解して、それに適した対応を選び、実行する部分」に何かしら問題があるのではないかと考えられています。また、「人」に対して安心感を抱きにくく、どちらかというと「物」に関心が向きやすい傾向も見られます。

　そのため、対人関係や場に応じたふるまい方、コミュニケーションなどにおいて、つまずいてしまいがち。わが子と交流している実感が得られない、自分の愛情が伝わっている手ごたえを感じない、意味のある言葉を話さない。なんとなくこんな違和感をもったことのある親御さんもいるのではないでしょうか。

　ASDのある子の場合、こういった「人とのかかわりやコミュニケーション」面での特徴的な姿が、乳幼児期から見られます。

人とのかかわり・コミュニケーションに関する具体例

・視線が合いにくい、あやしても笑わないなど表情が少ない
・抱っこや触られることを嫌がる
・呼んでも振り向かない
・人見知りをしない、親の後追いをしない、一人あそびが多い
・「あー」「まんまん」などのなん語・ジェスチャーを使ったコミュニケーション・指さしの遅れ
・話し言葉が出ない、オウム返しが多い、一方的に話す、独特の言葉遣い
・たとえ話・冗談が通じない
・アイコンタクトや身振り手振りが通じない
・その場の空気・相手の表情を読むのが苦手　　　など

●乳児期からの「通じ合えていない感」

そういえば、赤ちゃんのころから目が合わずスキンシップを嫌がった、あやしても笑わず呼びかけても無反応だった……などと振り返るお母さんの多くは、「子どもとどこか通じ合えていない感覚」をもっています。

また、後追いをせず、新しい場所でお母さんが見えなくても平気、人見知りせずだれにでもニコニコしているといったようすから、「手のかからない赤ちゃんだった」という感想をもつお母さんも。一方、「ほかの親子のようにほほえみ合ったり抱きしめたりしたいのに」「いちばん近い存在のはずの親にあまり執着がないみたい」などと、さみしさや不安を感じるお母さんもいます。

大人が子どもの興味のもちそうなものを指さして語りかけても反応がなく、また、子どもが何かを指さして、それを大人と一緒に共有しようとする姿（共同注意）が見られないこともあります（序章 P.15 参照）。

●独特のコミュニケーション

周囲に対する関心・興味が弱く、積極的にコミュニケーションをとりたいという思いになりにくいため、言葉が出にくかったり、話してもオウム返しやひとり言だったり。欲しい物があっても「あれ取って」と言葉で伝えず、大人の手をつかんで連れて行くこともあります（クレーン現象）。

話すようになっても、話の内容や言葉の意味は理解していないことも。例えば「公園へ行く？」と聞くと、同じように「公園へ行く？」と繰り返す（オウム返し）、あまり文脈なく単語をただ発する、同じフレーズを何度も繰り返すというように、コミュニケーションになりにくい発話が多く見られます。

また、よくおしゃべりするのだけど、妙に大人びた言葉遣いをしたり、セリフを棒読みしているようなぎごちなさを感じる子も。気持ちが伝わる対話になりづらく、「変わった子」と見えてしまうことがあります。

●言葉をその通りに受け取る

「お風呂を見てきて」と言ったら「見てきたよ」と言うので安心したら、あふれていた……というように、言われた言葉通りに受け取り、その言葉に込められた意味を理解することが難しい子もいます。

また、たとえ話や冗談を真に受けて怒り、トラブルになることも。「耳が痛い」「ほっぺたが落ちる」といった慣用句は通じにくく、言葉の通りにとらえて、「それは大変！　病院に行かなくちゃ」となってしまいます。

●相手の気持ちの理解や空気を読むのが苦手

表情や態度から相手の気持ちをくみ取るのが苦手な子も。友達が使っている物を黙って取り、それで相手が泣いても気にしない、体形を気にしている子に「太ってるね」とズバリ言ってしまう……といった姿から、「自分勝手」「いじわる」ととられてしまうこともあります。

また、自分の言動が周りにどう映っているかがわからず、相手が嫌がっているのに一方的に自分の好きな車の話をしたり、初対面の人に突然年齢や住所を聞いてしまうことも。場の雰囲気を感じ取れず、葬式でギャグを言ったり、しかられているのに大笑いしたりして「空気が読めない」と言われる子もいます。いずれの言動も本人に悪気はないのですが、誤解されてしまいがちです。

興味の偏り、こだわりが強い

興味をもったものにとことんこだわり、
自分の安心するパターンや行動を繰り返す姿が見られます。

こんな姿が見られます

わたしたちは、日々「いつもと違う出来事」や「予定の変更」などに直面し、そのつど、過去の経験や周囲の対応を参考にして、「こんなときは、こうなるかも」「想定外だったけど、こうすれば大丈夫」とやりくりして生活しています。

子どもも経験値を積みながら、「これから起こることを想像し、柔軟に乗り切る力」をつけていくものですが、ASDのある子どもは、それが大の苦手。常に、不確かな「先のこと」や「変化」に不安を感じ、緊張状態にあります。

ASDのある子が「同じ行動の繰り返し」や「こだわり」を見せるのは、「いつも同じこと」に没頭することで、安心を手に入れようとしている姿だと考えられます。また、興味の範囲が狭く、ほかにすることがないために、こだわりがより強くなるのではないか、という考え方もあります。

興味の偏り・こだわりの強さの具体例

- 同じ道順、手順、スケジュールにこだわる、変更は受け入れ難く、激しく抵抗する
- 物を一列に並べたり、置き方にこだわったりする
- 特定の物（衣服や持ち物、記号や乗り物など）に執着する、収集する
- 興味・好みの範囲が非常に狭く、深い
- 回ったり、跳んだり、手を振り続けたり、同じ動きを繰り返す
- 扉の開閉、タイヤの回転など規則的な動きをいつまでも見ている
- ごっこあそび、見立てあそびが苦手
- ルールや約束を忠実に守ることに必死になる
- 自分の得意分野で知らないことがあると許せない、一番にこだわる　など

●気持ちの切り替えが苦手

相手、状況、場面に応じて気持ちを切り替えるのがとても苦手。例えば、道路工事をしているから別の道を行こうと言っても、「この道じゃなきゃだめ」。どうにも気持ちの折り合いがつかないと、パニックになることもあります。

「変化」への対応が苦手なので、物や手順、物の置き方などが「いつもと同じ」ことに安心します。例えば、おもちゃなどを一列に並べるのは、こだわりと同時に、自分の中で決まっている置き方にすることで、気持ちを安定させているということもあるのです。

●好きなことにとことんこだわる

好きな感触のタオルを手放さず、洗おうとするとひどくぐずる、同じ服ばかり着て脱ぐのを嫌がるというように、特定の物やその感触にこだわりがある子も。また、レシートや光る物、ミニカーなどの「収集」を好む子もいます。

興味や関心の向く分野は非常に狭く、でも一度はまると、とことん極める傾向もあります。

例えば、カレンダー、地図、虫、電車、記号、数字などに没頭し、「○○博士」と言われるくらいに詳細まで暗記して、大人顔負けの集中力・暗記力を見せる子もいます。

●同じ動きをひたすら繰り返す

くるくる回る、手をひらひらさせるなど、同じ動きを飽きることなくずっと繰り返す子がいます。また、何かを確かめるかのように、ドアを開けたり閉めたり、同じ所を行ったり来たりする子もいます。

こういった行動は「常同行動」といいます。数字などだれにとっても「同じ」ものや、きれいに並んでいたり、一定のリズムを刻む「秩序だったもの」「変わらないもの」が安心材料となり、また同じ動きを繰り返すことで、不安や緊張を和らげていると考えられます。

逆に、こういう行動が増えてきたら不安定になっているサイン。どこに不安要素があるのか、どうしたら取り除けるかを、考えるとよいでしょう。

●想像力や柔軟性が求められるあそびが苦手

これまで述べたように、ASDのある子は想像したり、状況に応じて柔軟に物事にかかわったりすることが苦手。そのため、積み木を車に見立てて「ブーブー」と走らせるといった「見立てあそび」（序章 P.20 参照）や、お母さんになりきってあそぶ「ごっこあそび」（序章 P.24 参照）が楽しめないことが多いといわれています。

特にごっこあそびの場合、一緒にあそんでいる相手に合わせてストーリーを展開させていくことが必要になります。このアドリブ感こそがごっこあそびの醍醐味なのですが、予測のつかない状況に不安を感じる子どもにとっては、難しいあそびです。

●ルールを守ることにこだわる

ルールがあると「何をどうするべきか」が明確にわかって、変化による不安を避けることができます。そのため、忠実にルールを守ろうとする子もいます。

ルールを守ること自体はとてもよいことなのですが、実生活においてはしばしば例外があり、ちょっとくらいルールから外れることがあっても許されるという場面も出てきます。

しかし、ASDのある子にはそれが通じないことも。「ルールは絶対守るもの」とこだわる子の場合、「そこから外れる行動は許せない！」となってしまい、友達と衝突してしまいます。とても素直でまじめな子どもたちなのです。

●「一番」に対する情熱が強い

こだわりの1つとして、「一番になること」に執着する子もいます。

例えば、「ゲームや競争などで一番になりたい」。多くの子は、このような思いをもっていても、残念ながらかなわなかった場合、「仕方ない」「次回頑張ろう」などと、自分の気持ちに折り合いをつけられるようになっていきます。しかし、ASDのある子の場合、「一番」への情熱が強すぎて、泣きわめき続ける、一番になった子を攻撃するといった激しい怒りが現れることも。

特に得意分野において、自分よりほかの人のほうが物知りだったりすると、悔しくてどうしても許せなくなってしまうことがあります。

感覚の偏り、動きのぎごちなさ

通常に比べて、感覚がとても敏感（鈍感）、
体の動かし方が不器用な姿が見られます。

こんな姿が見られます

　ある特定の刺激に対して、独特の感じ方を見せる子がいます。また、体の動かし方が極端に不器用な子もいます。この「感覚と運動の偏り」にはかなり個人差があり、現れ方もそれぞれで大きく異なります。

　これらの状況は、「感覚→脳→体」の伝達や指令がうまくいかないために起こります。しかし、感覚の違いはパッと見にはわからず、本人も自分の感覚が人と違うことを自覚しづらいために、周囲の理解が進まない難しさがあります。特に運動面は、「努力不足」と誤解されたり、からかわれたりしがち。自信喪失につながってしまうこともあります。

　いずれも、本人にもどうしようもない状況であることを理解してかかわることが大事。これらの弱い部分を、療育を通してケアしていく場合もあります。
（「発達性協調運動障害」→1章 P.50、「療育」→3章 P.120 参照）

感覚の偏り・動きのぎごちなさの具体例

- 特定の感触や音を嫌がる
- 文字を読むのが苦手だったり、集中できなかったりする
- 偏食
- 痛みを感じにくく、自分を傷つけることがある
- 「暑い」「寒い」を感じにくく、衣服の調整ができない
- 特定の感覚（ふわふわ、キラキラなど）にこだわり、見たり触ったりし続ける
- 細かい作業が苦手で不器用
- 体の動かし方がぎごちなく、運動が苦手
- 姿勢が崩れがち

●苦痛を感じるほどの感覚の鋭さ

視覚・聴覚・嗅覚・味覚・触覚などの感覚がとても敏感で、ほかの人は気にならないような刺激に強く反応し、激しいストレスを感じる子がいます。

例えば、洋服のタグや人の手が体に触れたり、シャワーを浴びたりすると強烈な痛みを感じる、水や泥に触れる感覚が不快、抱きしめられると相当な圧迫感で苦しくなる、大きな音を聞くと頭痛がする、外に出るといろいろな音がすべて同じ大きさで聞こえてきて混乱するというように、ある感触や音を嫌がるようすが見られます。

また、外に出ると日の光がまぶしすぎる、白い紙に書かれた黒い文字のコントラストをきつく感じるといった視覚の過敏、食べ物のにおいで気持ち悪くなるなどの嗅覚の過敏、決まった温度や味付けじゃないと食べられない、砂をかんでいるような不快を感じるといった味覚の過敏もあります。

これらは気力で我慢できるようなものではなく、「わがまま」でもありません。本人は相当なストレスを抱えており、生活に支障が出ることもあります。

●鈍感で、痛みや温度を感じにくい

感覚の過敏さがある一方で、ある感覚が「鈍感」という子もいます。例えば、痛みをかんじる感覚が鈍感で、血を流すほどのけがをしてもケロッとしていたり、混乱したときに自分の腕を強くかむ、血が出るまでかきむしるなど、自分を傷つけるような姿（自傷行為）を見せる子もいます。

また、「暑い」「寒い」といった温度の差に対して鈍感で、ものすごく寒い日に、半袖のTシャツ1枚でケロッとしているということもあります。

●ある感覚を好み、こだわる

　キラキラするもの、ふわふわするものなど、ある特定の感覚を強く好むことも。例えば、木もれ日のキラキラや電飾のチカチカなどをずっと眺めていたり、好きな感触のおもちゃをなめていたりといった姿が見られます。

　これは、P.39で説明した「同じ動きを繰り返す（常同行動）」理由と重なる部分があり、不安が高まったときに、安心するために行うこともあります。

●手先が不器用、運動が苦手

　ボタンのかけ外しやシールはりなど、手や指を使う細かな動作が苦手で、「手先が極端に不器用」な子もいます。

　その原因はいろいろ考えられ、自分の手と指が別々というイメージができておらず、うまく使えないという子もいれば、触覚の過敏さがあり、指先に何かが付くのが嫌という子も。手首を使って力をコントロールするのが苦手で、握ったり何かをつまんだりがうまくできない子もいます。

　また、自分の体をどれくらい、どのように動かしたらよいかわからず、筋肉や関節をうまく使えない子や、バランスをとる感覚にトラブルがある子も。

　ボールあそびやマット運動、縄跳びなどしなやかな動きが必要なあそびが苦手だったり、ドタドタした歩き方やドアを力任せに閉める姿などが見られます。

　この部分の特性のみが強く現れる場合は、「発達性協調運動障害」（P.50参照）と診断されることもあります。

●つねにフニャッとしている

いすに座るときに足が開いてグタ〜ッと背もたれにもたれかかっていたり、机に突っ伏していたり、すぐに寝っ転がったり、いつも姿勢がフニャッとしていて、全体的に緊張感のない印象を与える子もいます。

これは、「運動の苦手さ」と関連しますが、筋肉や関節に適切な力を入れて動かすことができず、姿勢のコントロールがうまくいっていない状態と考えられます。

見た感じの印象から「やる気がない」と思われがちで、何度注意されても直らずにしかられ続ける子も。「正しい姿勢」のやり方がわからないのかな？姿勢を保つことが難しいのかも……という視点でかかわる必要があります。

●独特の「記憶力」

ASDのある人たちによく見られる特徴として「記憶力の高さ」もあります。P.38の「好きなことへのこだわり」でも説明したように、例えば全国の駅名をすっかり覚えてしまうなど、自分が興味のあることに関する「記憶の取り込み方」は特徴的です。

また、何年も前のエピソードをしっかり覚えていて、ふいにそのことについて詳細に語ったり、目にした光景をそのまま記憶して、後から、何も見ずに忠実に絵に表すことができたりする人もいます。

このように周囲から見ると「すごい！」と驚いてしまうような記憶力の高さは、一方で、「嫌なことを忘れられない」という困難につながることもあります。ネガティブな記憶が何かの拍子に突然よみがえり、パニックになってしまう人も（「タイムスリップ」や「フラッシュバック」）。

これらは、「こだわり」の一部ととらえることもできますが、視覚や聴覚の過敏さなど感覚的なこととのつながりも深いようです。また、記憶力の高さが見られる反面、つい昨日起きた大事なことを忘れてしまうことも。記憶のメカニズムが独特の発達をしているのだと考えられます。

なぜ、ASDになるの？

脳に何かしらの問題があり、ASDが引き起こされると考えられています。

生まれつきの「脳機能」のトラブル

実は、ASDの原因についてはいまだにわからないことが多く、現在も研究が進められているところですが、脳の働きや、脳と体をつなぐ中枢神経のトラブルが原因だと考えられています。

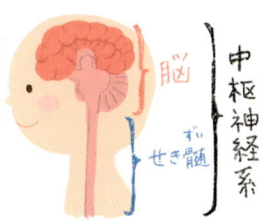

例えば、言葉や音、におい、味、痛み、目から入る情報などは直接脳に入り、内臓も含むその他の身体感覚はせき髄を通して脳に入りますが、どこかがスムーズに働いていない状態です。そのため、人とのコミュニケーションがうまくいかない、感覚がアンバランスなどの特有の姿が見られます。

ASDのある子どもは、全世界どこにおいても1万人あたり15〜20人くらい、また「男子4：女子1」の割合で存在が認められています。

ASDの特性が完全になくなることはありませんが、周囲の理解や適切な対応によって、その子のペースで大きく成長することがわかっています。

原因に関するさまざまな誤解

「自閉症」という言葉から、引きこもり、「心を閉ざしてしまう」心の病気といった間違ったイメージをもたれることがありますが、上でも説明したように、ASDは脳機能のトラブルであって、心理的なものではありません。また、子どもたちは、「わざと」気になる行動をするのではなく、脳がそのように命令をしているということを理解する必要があります。

以前、まだASDのことがよくわからなかったころは、親の育て方や愛情不足のせい、わがままなどと言われ、親御さんが自身を責めてしまうようなこともありました。しかしその後の研究で、ASDは生まれながらの障害であり、親の育て方とは関係ないことが確認されています。

ほかの障害をあわせもつことも

ASDの特性だけが目立つ子もいれば、
ほかの発達障害をあわせてもつ子もいます。

重なり合う発達障害の世界

　発達障害とは、「脳の働き・発達のアンバランスさによって、発達に目立った凸凹があり、そのことで日常生活に困難が生じる状態像」を指します。ASDもその中の1つです。発達障害には、次のようなものがあります。

> **発達障害の種類** 　（→ASD以外の各障害の説明はP.48〜50）
> ●ASD（自閉症スペクトラム）
> ●ADHD（注意欠如多動性障害）
> ●LD（学習障害）
> ●そのほかの脳機能の障害（発達性協調運動障害など）

　これらのグループは微妙に重なり合っていて、それぞれの障害をはっきりと線引きすることが難しいのが特徴です。つまり、ASDの特性がありながら、別の障害の特性もあるというように、複数の障害が重なることがあるのです。

例えば……

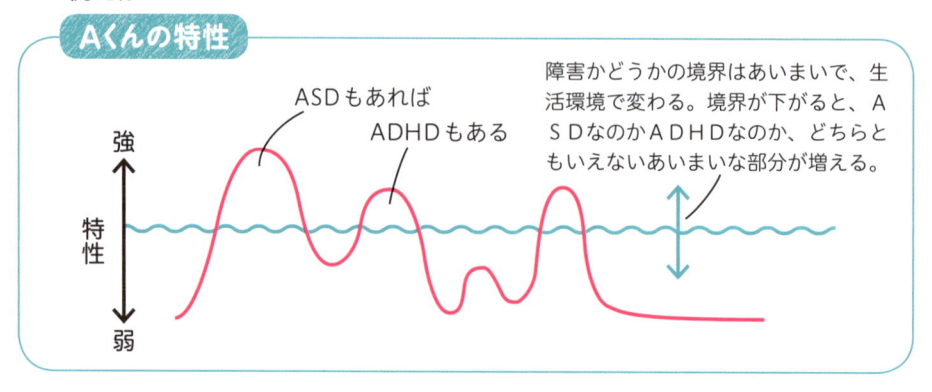

Aくんの特性

ASDもあれば
ADHDもある

障害かどうかの境界はあいまいで、生活環境で変わる。境界が下がると、ＡＳＤなのかＡＤＨＤなのか、どちらともいえないあいまいな部分が増える。

強
特性
弱

1つの診断名では説明がつかないことも

　発達障害の診断は専門家でも判断が難しく、医師によって診断名が変わることもあります。また、子どもの成長や生活環境、支援・指導のあり方でその子のようすが大きく変わるため、時期によって診断名が変化したり、診断名を付ける必要がなくなったりすることも。それだけ発達障害という世界はわかりにくく、区別が難しいのです。

　例えば、ASDの特徴である「人とのかかわりの苦手さ」が目立つ一方で、ADHDの特徴である「多動」が見られる場合——以前は自閉症と診断したら、ADHDの診断名は付けられなかったのですが、今は、「ASDでありADHDでもある」という診断が認められるようになりました。

　P.46でも説明したように、障害が重なり合う場合が多いことから、ASD、ADHD、LDなどと区別するのではなく、これらは「連続」しているととらえる考え方も出てきています。

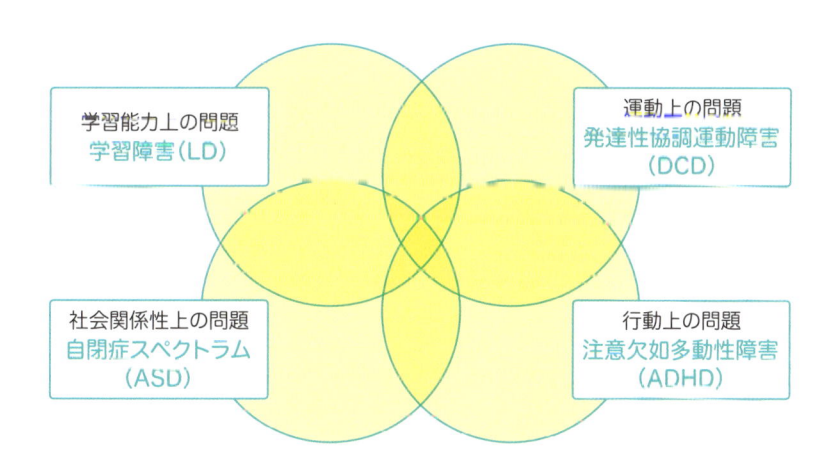

学習能力上の問題
学習障害（LD）

運動上の問題
発達性協調運動障害
（DCD）

社会関係性上の問題
自閉症スペクトラム
（ASD）

行動上の問題
注意欠如多動性障害
（ADHD）

そのほかの発達障害

●注意欠如多動性障害（ADHD）

> **主な特性**　※特性の現れ方には個人差があります。
>
> ●**不注意**…忘れ物が多い、同じミスを繰り返す、整理整とんが苦手、興味の
> ないことには注意が持続しない、うわの空でぼーっとしていることが多い
> など
> ●**衝動性**…待つことや我慢が苦手、思ったらすぐに行動に移してしまう、話
> に割り込んでくる、要求が通らないと感情が抑えられなくなる　　など
> ●**多動性**……落ち着きがなくじっとしていられない、座っていても手足がそ
> わそわ動く、いつも動き回っている、おしゃべりが止まらない　　など

　これらの特性が年齢・発達に不つり合いで12歳以前からあり、園と家庭など、複数の場所で一貫して見られる場合に診断。原因はまだはっきりわかっておらず、生まれつきの脳の機能障害で、中でも脳の前頭前野にある「実行機能」という働きが弱いと考えられます。

　特性を見ると、どの子どもにも多かれ少なかれこのようなようすは見られる印象がありますが、同年齢の子どもと比べて著しく目立つ場合、ADHDの可能性を考えます。これら３つの特性が必ずすべて現れるわけではなく、

①不注意が目立つタイプ
②多動・衝動性が目立つタイプ
③すべてが見られるタイプ

の３つがあるとされています。

●学習障害（LD）

主な特性　※特性の現れ方には個人差があります。

●**読むことが苦手**…意味で区切ることができず一字ずつ読む、文字や行を飛ばしてしまう、形の似た文字を読み間違える、よう音（きゃ・きゅ・きょなど）や促音（小さい「っ」）を発音できない　　など

●**書くことが苦手**…形の似た文字や漢字を書き間違える、鏡文字を書く、句読点を書き忘れる、文字の大きさがバラバラでマスなどからはみ出す　　など

●**聞くこと・話すことが苦手**…聞き間違いが多い、筋道を立てて話すことができない、言いたいことを言葉で表現できない、相手の言うことが理解できない　など

●**計算・推論が苦手**…指を使わないと計算できない、数字の位取りを間違える、計算はできるが文章題はわからない、図形・表・グラフが理解できない、見直しや作業時間が配分できない　　など

　文部科学省によると、LDは「全般的な知的発達に遅れはないものの、聞く、話す、読む、書く、計算する、推論する能力のうち特定のものに著しい困難を示すもの」とされています。

　原因は、脳の生まれつきの機能障害と推定され、視覚・聴覚障害、知的障害、情緒障害、環境的な要因などが直接の原因となるものではありません。

　幼児期から形が認識できない、大人の説明がわからないなど、つらい思いをしていますが、本格的に学習が始まる小学校入学以降に気づかれることが多く、発見が遅れがちです。また知的障害と異なり、苦手なもの以外の学習能力は平均以上になる子も多いため「努力が足りない」「なまけている」などと思われがち。本人も、どんなに頑張っても効果が現れないことから、自信をなくしてしまうことがあります。

　ASDやADHDをあわせもつことも多く、社会性の困難や不器用さなどが、学習の困難さを強めていることもあります。

●発達性協調運動障害（DCD）

主な特性　※特性の現れ方には個人差があります。

●**全身運動が苦手**…寝返り・はいはい・歩くなど基本的な動きの発達が遅れる、動きがぎごちない、姿勢が崩れやすい、ダンスやマット運動が苦手、スキップや縄跳びができない、うんていやジャングルジムなどの遊具でのあそびが苦手、ボール運動が苦手、三輪車や自転車に乗れない　など

●**手先の細かい作業が苦手**…ボタンのかけ外しやファスナーの上げ下げができない、物をよく落とす、はし・はさみ・定規など道具がうまく使えない、鉛筆を正しく持てず筆圧が弱いまたは強すぎる、楽器の演奏が苦手　など

　筋肉や神経、視聴覚に異常がないものの、いくつかの動作を協調させて行う＝「協調運動」が苦手で、細かい動きから大きい運動において不器用さの目立つ状態です。このような姿が小さいときから見られ、十分に練習を行っても習得できない場合に、診断を検討します。

　生まれつきの脳の問題だと考えられていますが、原因ははっきりとわかっていません。DCDが単独で起こることは少なく、ほかの発達障害とあわせて見られることが多い障害です。手先の不器用さだけ目立つタイプや、全身運動だけが苦手なタイプなど、どちらかに極端な偏りが見られる場合もあります。

　運動が苦手、不器用といったことは、大人になるとあまり気にならなくなりますが、あそびを中心とした子ども社会の中では、とても重要。うまく友達とあそべないだけでなく、みんなの前で恥ずかしい思いをして自信を失ってしまうこともあり、学齢期においては心の面での配慮がとても大切です。

予防したい「二次障害」

ストレスにさらされやすいASDのある子どもたち。
ネガティブな感情の積み重ねが、新たな症状を引き起こすことがあります。

「二次障害」とは?

ASDのある子の言動はとらえにくく、周りの人が正しく理解するのに時間とエネルギーが必要になります。そのため、必要な環境やかかわりを得られないことも多く、アウェイな状況で頑張らなくてはならないつらさがあります。

また、ASDの特性から、頑張ってもうまくいかないことが多く、失敗を重ねることで周りからしかられ、挫折感を繰り返し味わう子も……。小学校に入ると、勉強で周りの子についていけなくなることで傷つく子もいます。友達付き合いも苦手なので、からかいやいじめの対象になることも少なくありません。

こういった状態による心の傷つきが重なると、一生懸命やっているのに報われない、なぜしかられるのかわからない、といった苦しさが積み重なり、子どもはだんだん「ぼく（わたし）はダメな子なんだ」と自分を責めるように……。

自信を失い、周囲の人を信じられなくなると、心にゆがみが生じ、二次的な問題を引き起こしてしまうことがあります。これを二次障害と呼んでいます。

51

実際に現れる症状

具体的には、次のような症状が見られます。

●体の不調

頭痛や食欲不振、不眠、チック、幼児の場合は夜尿症など。

●精神面の不調

過剰な不安や緊張、うつ、不登校、引きこもりなど。

●問題行動

強い反抗、暴言、暴力、非行など。

二次障害の症状は、ASDの特性によって現れる姿よりも強く出る傾向があります。周囲の大人への信頼感ももてなくなっているので、本来のASDの特性への対応が難しくなり、支援が進まないという悪循環に陥りやすくなります。

また、ASDがあることに気づかれないまま二次障害が起きてしまうと、その症状が、「わがまま」「わざとやっている」などととらえられて、余計にASDそのものに気づきづらくなり、対応が困難になることがあります。

予防のカギは、家族の気づき

実は、ASDへの対応で一番大事なのは、「二次障害の予防」と言っても過言ではありません。

ASDの特性に対しては、周囲が理解し、望ましいかかわりや環境調整を行うことで、よい方向へ向かうことができます。しかし対応が遅れ、二次障害になると、元の特性と相まって状況は悪化し、問題の根はより深く複雑に……。

こうなると、本人も家族も、つらい状況から抜け出すのに大変な労力と時間が必要になります。

　大切なのは、子どもの特性に早く気づき、理解すること。特有の接し方や育て方を身近な家族が把握し、それを周囲に伝えて理解者を増やすことで、その子が生きやすい環境をつくっていくことができます。それにより、子どもは、自分のことをわかってくれる人がいる、認められた、という実感がもてます。

　子どもの特性に気づかないと、「なぜほかの子と違うの？」「どうしてこんなことするんだろう？」と焦り、叱責の連続に。それが子どもにさらなる不安や恐れをもたらし、親子ともにストレス！という悪循環に……。

　つまずきの期間が長ければ長いほど、二次障害のリスクは高まります。家族の早い気づきこそが、予防のカギなのです。

二次障害をはねのける「自己肯定感」

　自分のことが好きで大切にしようという気持ち、自分は価値のある人間だと思える自信──そういった感覚を「自己肯定感」といいます。二次障害は、この自己肯定感の低下と大きく関係しています。

　どうすれば、自己肯定感を高められるのでしょうか。まず、その子のよいところや頑張っているところを見つけて認める、はめるといったかかわりが、子どもの自信につながります。

　また、何か失敗してしまっても、「失敗しても大丈夫。頑張ったね」というように頑張りをたたえる、できないことがあっても「ありのままのあなたが大好きよ」と伝えることで、子どもは「自分は自分でいいんだ」「今の自分をちゃんと見ていてくれる人がいる」という安心感に包まれます。

　自己肯定感をはぐくむのは「自分は大切にされている」という実感なのです。

この実感は、生きていく力の土台ともいえます。その土台づくりを幼児〜児童期にしっかり行っておけば、将来、失敗や挫折に直面したときに、それらをはねのける力となるでしょう。ASDがあっても、自己肯定感がしっかり築かれていれば、二次障害にはならないのです。

それでも、二次障害が起きてしまったら

　これまで述べたように、二次障害は未然に防ぐことが大切ですが、そうは言っても完全に防ぎきれない場合もあります。二次障害は、子どもからのSOSのサイン。「これは二次障害……?」と思ったら、定着・悪化をさせないよう、できるだけ早く対応してください。

　ただし、二次的な問題は、なかなか一筋縄ではいかないことも。家族だけで抱え込むとより問題が深刻化し、家族全体が窮地に陥ってしまう場合もあるので、学校や医療・相談機関とつながりをもち、対応を考えましょう。

　時間がかかることもあるので、親自身の健康も大切です。家族会などに参加して悩みを話し合うことで、気分が楽になったりリフレッシュしたりすることもあるので、いろいろな機関をぜひ活用してください（3章 P.128参照）。

「自閉症スペクトラム」 という世界のとらえ方

その言葉の響きから、難解なイメージをもつ人も多いのではないでしょうか。
どのような世界なのか、少し詳しく説明します。

「スペクトラム」とは?

　「スペクトラム」は物理学や化学で使われる言葉で、「連続体」などと訳されます。身近な例で説明するとしたら、「虹」。虹は「微妙に変化する色の連続」で成り立っています。バリエーションがありつつも連続している、というイメージが伝わるでしょうか。

　「自閉症スペクトラム」とは、自閉症をはじめとして、自閉症とよく似た特性をもつ発達障害のグループのこと。これまで説明してきた「人とのかかわりやコミュニケーションの難しさ」「興味の偏りやこだわりの強さ」「感覚の偏りや動きのぎこちなさ」などの特性が濃かったり薄かったり、現れ方はさまざまだけど、基本的なところでは連続している、という考え方です。

　例えば、梅シロップでジュースを作るとき、シロップの原液にあまり水を追加しなければ濃い味に、たくさん水を追加すれば薄い味になります。でも、どの濃さであっても、「梅シロップ」の味はする──この「梅シロップ」が自閉症スペクトラムでいうところの「特性」にあたるというイメージです。

　「自閉症スペクトラムのある子」と言っても、いろいろなタイプの子がいるため、「スペクトラム」を「多様性」ととらえる専門家も増えています。

「自閉症スペクトラム」に含まれる障害

　自閉症スペクトラムには自閉症をはじめ、高機能自閉症・アスペルガー症候群・小児期崩壊性障害・レット症候群など、自閉症とよく似た特性をもつ障害が含まれます。

　これらはこれまで、「広汎性発達障害（PDD）」という総称で呼ばれていました。図にするとこのようなイメージになります。

　重度の自閉症は相対的に少ないため、上に位置し、軽度になるほどすそ野が広がっていきます。また、図の右側が知的に高く、左が知的な遅れが認められるグループという配置になっています。

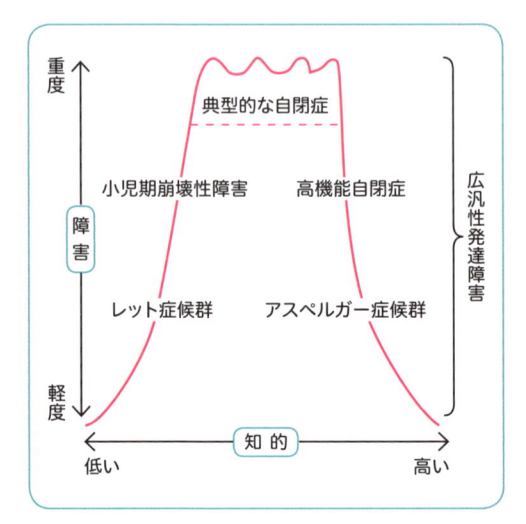

●自閉症
　自閉症スペクトラムの特性として挙げた、「人とのかかわりやコミュニケーションの苦手さ」や「興味の偏り」「こだわりの強さ」があり、重度になると、知的な遅れが認められる場合もあります。

●高機能自閉症
　IQ80以上の自閉症を指し、明らかな知的の遅れはないとされています。「高機能」だから「症状が軽い」ということではなく、高機能ゆえの難しさ、誤解の受けやすさがあります。アスペルガー症候群との違いがわかりにくいですが、高機能自閉症は言葉の遅れが見られるのが特徴です。

●アスペルガー症候群
　知的能力や言葉、認知の発達に遅れは認められませんが、社会性のつまずきやこだわりの強さなどが見られます。言葉を使ったコミュニケーションができ、知的な遅れがないため気づかれにくく、誤解されやすい傾向があります。

●小児期崩壊性障害

2歳ころまでは通常の成長発達をしますが、その後、知能、社会スキル、言語面での退行が見られます。男児に4〜8倍多く起こります。

●レット症候群

ほとんど女児に起こる神経疾患。生後6か月〜1歳半ころに発症し、知能や言語、運動能力に遅れが見られます。

これらの障害の境界線はとてもあいまいで、線引きが難しく、高機能自閉症とアスペルガー症候群の区別をしない専門家もいます。

実際、医療現場から、このようにグループ分けをして判断するのは難しい、そもそも区別する必要があるのかといった疑問の声が多く上がり、2013年の診断基準の改訂のときに、名称が「広汎性発達障害」から「自閉症スペクトラム」に変更になりました。またこれにともなって、「アスペルガー症候群」などの障害名も診断基準から削除されました（診断基準はP.118〜119参照）。

つまり、それぞれの障害を別々に考えるのではなく、「さまざまな状態が重なり合い、連続している」というとらえ方に変わったということです。自閉症も、高機能自閉症もアスペルガー症候群も、すべて「自閉症スペクトラム」という連続性の中にあると考えます。今後はこの考え方が一般的になるでしょう。

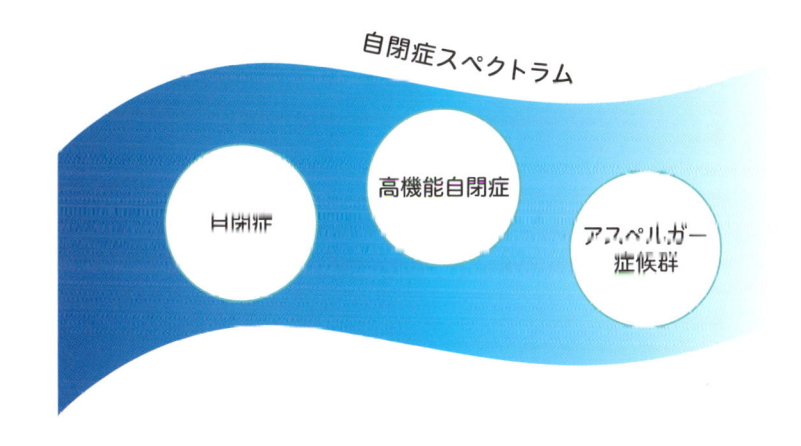

自閉症スペクトラム

自閉症　　高機能自閉症　　アスペルガー症候群

これにより、障害名にとらわれることなく、1人1人の特性を的確にとらえ、現状に沿ったサポートをするといった考え方がより明確になりました。

そもそも、どこからが自閉症スペクトラム?

この自閉症スペクトラムの「連続性」は、もっと広い目で見て、「自閉症スペクトラム」と「自閉症スペクトラムではない状態」の間にも続いていると考えることができます。いったい、どういうことでしょう?

これまで自閉症スペクトラムの特性について説明してきましたが、「自分にもあてはまる」「これって障害なの?」と感じた人もいるのではないでしょうか。

人とのコミュニケーションが苦手、自分なりのこだわりがある、初めてのことには不安を感じる、急に予定が変わると腹が立つ……どれもそんなに特別なことではなく、大なり小なり、みんな心当たりがあるものです。

それほどに、自閉症スペクトラムの特性はだれもがもちうる日常的なもの。特性は「強い個性」と言い換えることができるのかもしれません。そうなると、「自閉症スペクトラムがあるかないか」の線引きも非常に微妙になってきます。

注目すべきは、その子の「生きづらさ」

では、自閉症スペクトラムと診断される人とそうではない人とでは、何が違うのでしょうか?

これは自閉症スペクトラムだけでなく、発達障害全般にいえることですが、その人が自分の特性によって「日常生活に支障をきたしているかどうか」が決め手になります。

　自閉症スペクトラムの特性があっても、それが弱かったり、周囲の理解が得られていたりして、生きやすい環境があり、特に生活に支障をきたしておらず、本人も周囲もその特性を気にする必要がない状況であれば、障害と診断する必要はありません。

　しかし特性が強く、深い理解や支援が必要だったり、生きづらさや育てづらさに悩んだりするような状況であれば、診断を受け、それをきっかけにして適切な環境や福祉などの専門的なサポートにつなげる必要があります。

　また、特性の強弱にかかわらず、うまくいかないことが積み重なり、二次障害を引き起こしているようであれば、その根っこにある自閉症スペクトラムの特性を正しく理解し、支援していく必要があります。

　大切なのは「自閉症スペクトラムか、そうでないか」よりも、その程度とつまずきの度合いを理解し、どうすれば生きづらさを軽減していくことができるかを一緒に考えるということです。

　特性があっても、ちゃんとした理解とその子にふさわしいかかわりがあれば、「自閉症スペクトラムのAちゃん」ではなく、「こんな個性のあるAちゃん」となるわけです。

　では、自閉症スペクトラムの特性を実際の生活場面でどう理解したらよいのか──子どもの気持ちやしっくりくるかかわりについては、次の章から具体的に考えていきます。

聞きたい・知りたい Q&A

ASDに関してよく聞かれる質問についてお答えします。

Q：ASDのある子は増えているの？

A：よく知られるようになったことで、診断される人は増えました。

　ASDと診断される子は、確かに増加しています。しかし、だからと言って、単純に「ASDのある子は増えている」とは言い切れません。

　保育や教育、子育て支援の現場では、ここ10年くらいでASDを含む発達障害の正しい理解が急速に広まり、1人1人に合った支援をするための体制が整えられてきました。保育士や教師、保健師などの意識が高まり、早い段階でそういった子どもたちの存在に気づきやすくなったということがあります。

　また、テレビや雑誌などでも発達障害がよく取り上げられるようになり、一般社会にもずいぶん浸透してきました。そのため、「うちの子、もしかしたらそうかな？」と思った親御さんが発達相談や医療機関を訪れ、早期に発見されるケースが増えています。

　つまり、ASDが広く知られるようになったことで、人々の意識が高まり、そういった子どもたちの存在が浮上しやすくなってきたのです。

　また、診断基準が改訂されて、「ASDと判断する範囲」が広くなり、ASDと診断される人が増えたという現状もあります。

　こういった社会の変化による影響が大きいため、「ASDのある子自体が増えているのかどうか」を安易に判断することはできません。今後、慎重な分析が必要でしょう。

Q：ASDは遺伝するの？

A：可能性はゼロではないですが、断言できません。

　遺伝するかどうかについては、どちらともいえません。というのも、子どもは、親からいろいろなことを受け継いで生まれてきます。それは、目が似ている、足の形が似ているといったことから、「足が速いのはお父さん譲りだね」「几帳面なのは、お母さんに似たのかな？」など、親子で共通して見られる要素があります。

　それと同じで、脳の働き方についても、受け継がれる部分と受け継がれない部分がある。そういう意味で、遺伝する可能性がゼロではないということなのです。

　ASDの発症には複数の要因がかかわっていて、遺伝的な要素もそのうちの1つと考えられますが、P.45で述べたように、ASDの明確な原因はまだわかっておらず、現在も研究が進められているところです。

Q：ASDは治るの？

A：「治る・治らない」ではなく、「発達」します。

　多くの親御さんが尋ねるのが、この質問です。この問いについては、「治る・治らない」ではなく、「発達します」という言葉で答えるのが適切でしょう。

　子どもの発達の仕方は、環境や対応によって変化します。そのため、診断は「それで決定」というものではなく、その後、診断名が必要なくなる状況も出てきます。さまざまな方法で支援し、育てていくことで、「生活に支障をきたしている困難＝ASDの特性」が気にならなくなるくらいに、「発達」するのです。

　本書の2章では、ASDのある子どもの適応力を育てるかかわり方を、3章では、苦手な部分をフォローし、力を伸ばすトレーニング（療育）を紹介しています。参考にしてみてください。

Q：園や学校生活はどうなるの？　自立した社会生活は送れるの？

A：保育や学校現場の支援は充実しており、自立した社会生活を送っている人も多くいます。

　親御さんとしては、お子さんの将来を思うと、進学や就職など次々と不安が押し寄せてきて、悩みが尽きないだろうと思います。

　P.60でも述べましたが、保育や学校現場では発達障害のある子の支援体制が整ってきており、お子さんに合った保育・教育スタイルを一緒に考えてくれます。専門学校や短大、大学に進学する人も増えていて、進路の選択できる幅は広がってきているといえるでしょう。

　また、仕事をしている人も多く、自立した社会生活を送っている人も少なくありません。

　お子さんが将来、自分らしい社会生活を送るためには、親御さんが「お子さんの特性＝どんなことが苦手でどんなことが得意なのか」をしっかり把握したうえで、お子さんとのかかわりや療育・教育などを考えていくことが大切。そのためには、親御さんだけで悩みを抱え込まず、周りにいる専門家や協力者と積極的につながっていけるとよいですね。

　本書の4章では、自立した将来に向けて、乳幼児期・児童期など、それぞれの成長段階でどのようなことがポイントになるのかを解説しています。参考にしてください。

Q：医師の診断に納得いかない場合はどうしたら……？

A：セカンドオピニオンも検討し、必要な支援はスタート。

　もし、医師の診断に疑問を感じたら、セカンドオピニオンを考えてもいいでしょう。

　ただ、別の病院を探して予約を取っても、数か月待ちということも。そう考えると、今必要な支援はとりあえず始めてしまうというのも1つの方法です。予約を待つ間、療育だけは初診の病院でスタートするのもよいでしょう。

　中には、診断結果に納得がいかず、次から次へと病院を渡り歩く親御さんもいらっしゃいます。気持ちはわかりますが、このようなドクターショッピングはお子さんに不安やストレスを与えてしまうことが多く、親御さんにとっても、心身に負担がかかる結果になりがちです。

　いくつかの病院を回るとしても多くて2〜3か所にして、しっかりと診てもらい、十分な説明を受けるようにするのがよいでしょう。

Q：「ようすを見ましょう」と言われ、釈然としません。

A：どんな支援が必要なのか、具体的にしっかり聞き出して。

　診断名を聞くつもりで病院を訪れたのに、「ようすを見ましょう」と言われると、その時点で思考が止まってしまって、その後医師が何を言っても頭に入っていかないこともあるようです。

　診断については、3章（P.114〜）で詳しく説明しますが、ASDは、その子の育ち方を見て判断するものなので、初診だけで判断することは難しいのが現状です。

　本当に「ようすを見る」必要がある。そのことを理解したうえで、ようすを見る間、どんな支援をしたらいいのかを聞くことのほうを大切にしてください。

Q:「○○で自閉症が治る!」といった 広告を見かけます。薬で治せるのですか?

A:薬で特性の改善はできません。

　ASDと診断した場合、おもな治療は「療育」(3章P.120〜参照)であり、薬を出すことはほとんどありません。処方するとしたら、障害そのものを治すためではなく、現れている症状を緩和するために使用します。例えば、感覚過敏が強すぎるというとき、神経の働きを調整する薬で症状の出方を抑えることがあります。

　確かに広告などで「自閉症の改善に」と銘打った薬や健康食品、健康器具などを見かけますが、その効果は疑わしいと言わざるを得ません。

　ASDの原因はまだ明確になっておらず、「これで治る」と証明されているものはありません。薬やサプリメントなどで、コミュニケーションの苦手さやこだわりなどの特性は改善できないということを、知っておいてほしいと思います。

Q:本人にはいつASDであることを伝えたら……?

A:本人が自分のことを知りたいと思う時期に考えて。

　子どもは成長とともに、少しずつ周りの人と自分の違いに気づくようになります。特に、小学校入学後に得意・不得意がはっきりしてきて、集団生活において、学習面や人間関係でうまくいかないことが明らかになってきます。

　本人が悩んでいたり、二次障害が心配されるようすが見られたら、親子で話し合いましょう。そのとき、話をそらしたり、ごまかしたりせず、子どもの得意なこと・不得意なことをその子の理解に合わせて伝えられるとよいと思います。主治医と相談して、お子さんと一緒にASDについて医師の説明を聞くのもよいでしょう。

2章

子どものキモチ、大切なかかわり10

～家庭や園・学校で～

自閉症スペクトラム（ASD）のある子には、
その特性に合わせたかかわりが必要になります。
子どもの気持ちを理解して、
安心して過ごせるかかわりを考えてみましょう。

子どもへの
かかわりのポイント

この章では、ASDのある子どもとかかわるうえで、
特に意識したい次の10のポイントを紹介します。

かかわり：1 → マイスペースを確保する

かかわり：2 → 慌てず冷静にかかわる

かかわり：3 → 無理強いしない

かかわり：4 → 理解しやすい言葉で伝える

かかわり：5 → 目で見てわかる工夫をする

かかわり：6 → 変更は事前に知らせる

かかわり：7 → 気持ちを切り替えやすくする

かかわり：8 → 発信する力を育てる

かかわり：9 → 得意なことや興味を生かす

かかわり：10 → 自分でできることを増やす

キモチに添ったかかわりを

ASDのある子はひときわ個性が強く、かかわるのが難しいことがあります。
親御さんが戸惑ってしまう場面もあるでしょう。
なかなか伝わらず、あきらめてしまいそうになることもあるかもしれません。

でも、親御さんが困っているとき、実はお子さんも困っているのかもしれません。
子どもへのかかわりを考えるときにまず注目したいのは、そんな子どもの思い。

この章では、ASDのある子に対して意識したい「10のかかわり」を紹介しますが、
その背景にある子どもの思いを「子どものキモチ」として表現しています。
その子が何に困っていて、どんな気持ちでいるのかがわかれば、
「ああ、だからこういうかかわりが必要なんだ」とストンと腑に落ちるでしょう。

かかわりは、その子の姿や思いに合わせてアレンジする必要があります。
「こうすれば、どの子もうまくいきますよ」というマニュアルは存在しませんが、
「ASDの特性」にしっくりくる「かかわりの押さえどころ」があります。

この章では、そんなポイントを10点に絞り、わかりやすく説明します。
親御さんが「よかれ」と思ってしたことが、実は逆効果だったということも……。
そんな例も、「これはNG!」として紹介します。

どれも家庭だけではなく、園や学校でも共通して意識したい「かかわり」です。
親御さんから、「家ではこんなふうにしていますが……」と
園や学校にさりげなく伝えてみてもよいでしょう。

お子さんの不安や戸惑いを知って、あなたならどんな寄り添い方をしていくか。
—— この章で紹介する「10のかかわり」を参考に、考えてみてください。

かかわり：**1**

マイスペースを確保する

子どものキモチ

「怖い!」「どうしたらよいかわからない」
「とにかく1人になって落ち着きたい」
「不安になるからわたしのルールを崩さ
ないで」

**これは
NG!**

- なんとか言い聞かせようとする。
- 本人が求めていないのに、抱きしめて安心させようとする。
- 「みんなと一緒」にさせるため、頑張らせる。

それは
なぜ？

強い不安から立ち直るためのリセットの時間

　ASDのある子は不安を感じやすく、気持ちを立て直す時間が必要になることがあります。不安になる理由は、

●音や感触などの刺激をすごく嫌なものとして強く感じてしまう
●新しい場面や出来事に対して自分の気持ちをうまく切り替えられない
●これから何が起こるか予測がつかず、今何をしたらよいのかわからない

といったことが考えられます。

　このときに感じる混乱や苦痛は、愛情で和らいだり、根性で克服したりしがたいものなので、「1人で落ち着いて過ごす」ことで、子どもが落ち着きを取り戻せるよう、配慮ができるとよいでしょう。

かかわりの
ポイント

落ち着ける「マイスペース」を確保

　いつリセットが必要で、そのときどんな表情・ようす（耳をふさぐ、部屋を出て行くなど）を見せるのか、その子の「SOSサイン」を把握します。

　また、落ち着ける場所（マイスペース）を確保し、「いつでも来ていいよ」と伝えます。何度か繰り返すと自分で来られるようになるでしょう。パーティションで仕切る、マットを敷くなどスペースをわかりやすくし、装飾など気の散る物がなく、静かな環境にします。落ち着く環境を子どもと一緒に探してもいいですね。そこで具体的にやることがあるほうが落ち着く場合もあるので、本人のお気に入りのおもちゃを用意してもよいでしょう。

　せっかくのマイスペースが違う目的で使われたり、だれかほかの人がいたりすると、子どもは混乱し、不安になってしまいます。できれば、その場所は違う目的では使わないようにしましょう。

落ち着けるマイスペースづくり

●家庭なら……

段ボール箱や子ども用の市販のテントなど。

お気に入りのタオルや、カーテンで落ち着く子も。

フードや布を1枚かぶるだけで安心する子も。

ビーズクッションや目で見て楽しめるオイル時計など感覚的にリラックスできる物を置いておいても。

●園や学校なら……

園長室や校長室、保健室など、人目の少ない所。

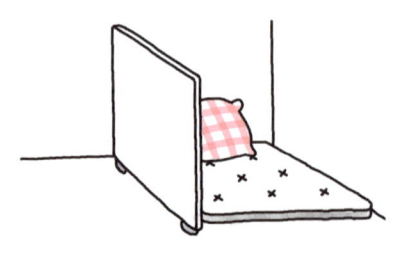

部屋の隅にパーティションなどで仕切りを作る。

静かに、つかず離れずの距離感で見守る

　子どもが不安を感じていると、言葉をかけたり抱きしめたりして、その不安をぬぐってあげたいと感じるかもしれません。しかしそういったかかわりが、よけい混乱や恐れを招いてしまうことがあります。

　だからといって、あなたのことを嫌いだということではありません。そこは誤解しないでください。「1人だと平穏を取り戻しやすい」子どもたちなのです。

　「1人にする＝ほったらかしにする」ということでもありません。近くで静かに見守る、子どもに見えない場所で気にかけるなど、子どもが安心できる距離感でかかわりましょう。とにかく、不安にさせないことが大事なのです。

周りの子ども・大人にも必要性を伝える

　外出先や、園・学校などで、こういった「リセットの時間」が必要になると、周囲の人がその光景を不思議に感じたり、「なんで○○ちゃんはあそこにいるの?」と聞いてきたりするかもしれません。

　そこで説明をうやむやにすると、「○○ちゃんは別」「○○ちゃんは変わっている」といったとらえ方になってしまうことも。だれにでも苦手や不安を感じることがある、○○ちゃんは元気になるために1人になる時間が必要であることなど、可能な範囲で伝えられるとよいですね。

　すると、不安を察した友達がサッと「○○ちゃんスペース」に連れて行ってくれたり、「○○ちゃんは、あそこへ行くと元気になるんだよ」と周りの人に教えたりする姿が見られることも。こういうことは、いろいろな子がいるんだという理解、個性を尊重し合う心の育ちにもつながります。

かかわり：**2**

慌てず冷静に
かかわる

子どものキモチ

「不安!」「嫌だ!」「混乱!」
「何かされると、ますます混乱!」
「泣いちゃう、大声で叫んじゃう。
やめたいけどやめられない」

**これは
NG!**

- 一緒に慌ててパニックになって
  しまう。
- しかってやめさせようとする。
- なだめて落ち着かせようとする。

子どもが安心できることを第一優先に

パニックとは、激しい興奮状態のこと。子どもは、思い通りにいかないとよくかんしゃくを起こしますが、それとは違い、ASDのある子は強い不安や恐怖、混乱を感じたときにパニックを起こすことがあります。

例えば、知らない国に突然1人取り残されたとします。言葉も文化も知らないと、どうしたらよいか不安ですね。そんなとき、見知らぬ人がわからない言葉で一方的に何か言ってくると、混乱してしまうかもしれません。ASDのある子は、これと似た状況に置かれていると想像できます。

そのため、とにかく子どもが安心できるかかわりが必要です。大人が慌てて動揺してしまうと、子どものパニックもより激しくなるので、まずは大人が落ち着いて対応しましょう。

できるだけ予防して、起こさせない

パニックには理由があり、そのスイッチ（原因）はさまざま。わたしたちにはなんでもないことでも、その子にとっては大変な苦痛で、感情が爆発してしまうことがあります。

嫌なことを克服することで成長するという考え方もありますが、恐怖や不安からくるパニックの状態は、できるだけ起こさせないようにしたほうがその子の安定につながります。

まずは、「何が」その子を不安にさせているのか、考えてみましょう。そして「こんなとき、パニックのスイッチが入る」というのがわかってきたら、その要因を避けたり取り除いたりする方法を考えましょう。

例えば、突然の予定の変更で混乱するのなら、事前にわかりやすく予告をする、嫌な感触があれば避け、無理強いしない、というようなことです。こういったかかわりを、お子さんが通っている園や学校でも取り入れてもらえないか、頼んでみるとよいでしょう。

予定が変更になった。行事で時間割が変更された。

不快なことがある。

一度にいろいろなことを言われて混乱した。

過去の嫌な体験を思い出した。

パニックへの基本の対応

　ASDのある子は、気持ちの切り替えが苦手で、感情のコントロールも不得意。一度パニックになるとなかなか落ち着くことができません。

　パニックへの対応は「少し離れて、危険がない限りは静かに見守る」が基本。「かかわり1」で紹介した「マイスペース」も有効です。落ち着いたら、「泣くのをやめてえらかったね」と伝えましょう。これを繰り返すうちに、「泣き叫ばないほうがいいんだ」と理解できる子もいます。

　少しずつ、人の手を借りながらネガティブな感情をうまく収め、切り替える方法を身につけられるとよいですね（5章 P.202 参照）。

突然のパニックには周りの大人も動揺するかもしれませんが、「やめなさい!」としかったり、なだめたりするのは禁物。かえって刺激を与えてしまいます。

そうは言っても、見ているだけというのはつらい、周囲の目が気になるという人もいるでしょう。そんな気持ちからつい手を貸したことで、パニックがより激しくなった……という経験をするかもしれませんが、それは仕方のないこと。「対応が悪かった」と自分を責めないでください。

自分や周りの人を傷つけてしまいそうなときは

パニックで自分をたたく、頭をぶつけるなどの自傷行為をする子も。止めに入った人を傷つける場合もあるので、注意が必要です。危険がないか確認し、冷静に対応しましょう（5章 P.186〜「ケース6」参照）。

パニックの際の危険を回避する例

頭などをぶつけそうなところにクッションを当てる。

道に飛び出したり、危険な場所に行きそうになったりしたら、冷静に淡々と黙って抱きしめ、動きを止める。

苦手な感覚を嫌がる子には…

かかわり：3
無理強いしない

子どものキモチ

「どうしても耐えられない!」
「痛い!」「怖い!」
「嫌なことをさせられる」
「みんなは我慢しているのに
できない。自分はダメな子」

これはNG!

- 無理やりやらせる。
- 根性で頑張らせようとする。
- 我慢させる。

我慢できない、訴えられない苦痛だと理解して

　ASDのある子は、ある音や触覚などに対して敏感で、強いストレスを感じることがあります。子どもによって苦手さを感じる部分はさまざま。「これが嫌」となる対象もいろいろです。

　そのうえ、子どもは自分の感覚しか知らないので、それが当たり前と思ってしまい、「イヤ」と訴えません。その感覚を言葉にするのも難しいでしょう。また、「イヤ」と感じる感覚が、シャワーの水を痛いと感じる、ほかの人には気にならない音が黒板を引っかくような不快な音に感じるなど、周囲の人がなかなかそのつらさに気づけない、理解できない難しさもあります。

　こういった苦手さは、本人にとって耐えがたい苦痛で、「慣れるから」となだめて我慢させるようなことではありません。無理強いすると、ますますつらくなる一方なのです。

　周囲の人は、「この子は、自分にとって思いもかけないことで、つらい思いをしているのかもしれない……」という意識で、子どものようすをよく見つめる必要があります。

　そして、「受け入れられる感覚が少なく、新しい感触が怖くて仕方がない」という状況を理解して、不快を感じずにすむかかわりを考えましょう。

「苦手な感覚は避ける」が基本

　このようなつらい体験が積み重なると、苦手意識がさらに強まり、ストレスで気持ちが不安定に……。親御さんとのスキンシップさえも不快と感じてしまうことがあり、「嫌なものを与え続ける人」＝「不快の対象」となって、子どもとの関係が築きづらくなってしまうこともあります。

　苦手な感覚がある場合は「慣れさせる」「頑張らせる」のではなく、できるだけその感覚を「避ける」支援が基本。子どもが苦手な感覚は、園や学校とも共有して、対策を一緒に考えられるとよいでしょう（5章 P.172「ケース3」参照）。

苦手な感覚を避ける例

●音

にぎやかな場所は避けたり、耳栓を利用したり。集団生活では、「マイスペース（P.70参照）」に一時避難。

●シャワー

シャワーが苦手なら使用せず、洗面器でお湯をかける。

●洋服のタグや材質

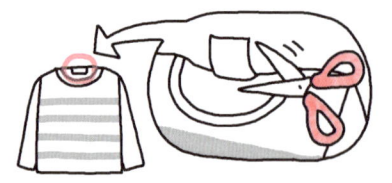

タグが当たって嫌なら切る。材質が化繊だと「痛い」と感じるけれど、綿や麻はOKという子も。

●スキンシップ

抱っこされると苦しい、急に後ろから触れられると恐怖を感じる子も。手先など体の一部を少しずつ触る、予告するなどの配慮を。またほほえむなど、スキンシップ以外のふれ合いを探しても。

理由を説明すると、納得する場合も

　言葉がわかる子であれば、その子が嫌がっている対象が何か、それはどういうものかを説明すると、納得できる場合もあります。

　例えば、炊飯器が発する「ピー」という音を怖がっていたＡちゃん。「ご飯ができた合図だよ」「この音が鳴っても、Ａちゃんは何もしなくて大丈夫だよ」などと説明したら、その後は怖がらなくなりました。

少しずつ、いろいろな物に触れる体験を

　楽しい雰囲気で物に触れて、感覚を少しずつ広げていくことも大切です。家庭では、「お手伝い」を通して、「触る」をたくさん経験しましょう。決して無理強いせず、子どもがしっかり物を見ながら触っているか、楽しんでいるかを見守ります。

　そして、「○○くん、ありがとう！」「助かったよ」などとほめることで、子どもがうれしいと思える体験にすることがポイントです。

お手伝いで「触る」を体験

●窓をふく

まず新聞紙をくしゃくしゃに丸めて窓ふき。ピカピカになる不思議さにはまる子も。

●料理

さまざまな食材に触れる。食べることが好きな子ならモチベーションが上がるので、日ごろ触れないと思っていた物が意外と平気なことも。

かかわり：4

理解しやすい言葉で伝える

子どものキモチ

「言われたことが覚えられない」

「話の一部しか頭に入ってこない」

「言葉の意味がよくわからない」

「早すぎて聞き取れない。ゆっくり話して」

これは NG!

- 一度にいろいろなことを言う。
- あいまいな表現を使う。
- 「何度言ったらわかるの!」としかる。

「理解できていないかも?」という視点で

「外から帰ってきたら、きちんと手洗い、うがいをしてからあそびなさい!」と何度言っても、帰ってそのままあそび始めてしまう……。ASDのある子の場合、わざと無視したり、反抗的な態度をとったりしているのではなく、言われたことを正しくキャッチできていない可能性があります。

●長い言葉、早口が苦手
記憶できる容量が少なく、言われたことをすべて覚えられないことがある。また、理解するのに時間がかかることも。1つを聞き取り、理解しようとしたら、次の話が始まっていたというような状況。

●総合的に理解するのが苦手
言われたことの一部分だけに意識が向く、1つ1つのことをそれぞれ理解してからでないと次に進めない、というように物事のとらえ方にクセがあり、言われたことを総合的に理解できていないことも。

●あいまいな言葉が苦手
「きちんと」が、具体的にどういうことなのか、どうしたら「きちんと」になるのかわからない子。特に、ASDのある子どもは抽象的な表現を具体的に想像することが苦手なので、混乱してしまう。

大人が「当然わかるだろう」と思う言葉が、子どもにとっては理解できないということが意外によくあります。

　子どもが反応しない、言ったことと違うことをするといった姿が繰り返し見られるようであれば、「言ったことが理解できていないのかも？」→「どういうふうに伝えたら理解しやすくなる？」と考えてみましょう。

かかわりのポイント

できるだけシンプルな言葉で、はっきり伝える

　言いたいこと・してほしいことだけシンプルに、ゆっくりわかりやすく伝えましょう。1度に伝えることは1つ。子どもの理解に合わせ、「ここぞ」というタイミングで、子どもが自分に注目していることを確認してから伝え、理解できているか確かめます。

　なお、園や学校で指示が聞き取れない子の場合、個別に指示を伝えてもらう配慮をお願いできるとよいでしょう。

具体的でストレート、肯定的な伝え方を意識する

　抽象的な表現やあいまいな言葉は、混乱するので避けましょう。

　また、「走りません」ではなく、「歩きましょう」と肯定的に伝えるのもコツ。「走りません＝走る行動がいけない」とわかっても、それが「歩く」という行動につながらない場合があります。

　言われたことの意味がわからないと、ますます言葉に対する興味を失ってしまいます。そのうえ、わからないのにしかられるという状況は、ストレスに。「この言葉は伝わりづらいのかも」という振り返りが大事です。

伝わりづらい言葉→伝わる言葉に

こんな言葉が伝わりにくい

●抽象的な表現

・ちゃんと
・きちんと
・しっかりして
・丁寧に
・早く
・ちょっと
・頑張って

●「こそあど」言葉

・これ、ここ
・それ、そこ
・あれ、あそこ
・どれ、どこ

●否定する指示

・○○しません
・○○しないで

●比ゆを用いた慣用表現

・猫の手も借りたい
・ほっぺたが落ちそう
・顔が広い
・心臓が飛び出そう

こんなふうに言い換えてみよう

●ストレートな表現に

「本を優しく使ってね」 → 「本を破らないでね」
「いい加減にしなさい！」 → 「ゲームをやめようね」
「きれいにしなさい」 → 「おもちゃを箱に入れようね」
「そこには行きません」 → 「ここを歩こうね」

●具体的に

「あれ、片付けて」
→ 「服を引き出しに入れて」
「それ取って」
→ 「お皿を取って」

●数字などで具体的に

「あとでね」 → 「10時になったらあそぼうね」
「そろそろやめようね」 → 「あと3回ね」
「小さい声で話そうね」 → 「1の声で話そうね」
※音の大きさを1〜5までの数字などで表すと、
　理解しやすい子も。

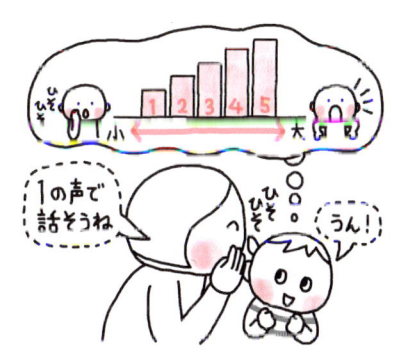

●子どもの興味に結びつけて

電車が好きな子なら…… → 「新幹線で（急いで）行こうね」
動物が好きな子なら…… → 「カメさんで（ゆっくり）歩こうね」

目で見てわかる工夫をする

公園に行こう

こうえん

子どものキモチ

「言われただけじゃわからない」

「覚えられない」

「どうしたらいいのかわからない」

「いつでも確認できれば安心なのに」

**これは
NG！**

● 言葉だけで説明しようとする。
● 生活空間がごちゃごちゃしている。

84

「見る力」が優れている子どもたち

　P.80〜「かかわり4」でも説明しましたが、ASDのある子の中には言われたことを理解・記憶するのが苦手で、すぐに忘れてしまう子もいます。

　一方で、目で見たものを理解するのがとっても得意。もともと人は、8割の情報を目から取り入れているといわれています。だれもが、人から何度も同じ話を聞くよりも、一度自分の目で確かめたほうが確実でよくわかる、という経験をしたことがあるのではないでしょうか。

　そのため、ASDのある子に何かを伝えたいときには、いかに「見せて伝えるか」がポイントになります。

「思い出せる」環境も必要

　ASDのある子は、同時にいろいろ考えたりやったりするのが苦手です。例えば、朝の支度1つとってもやることは複数あるので、「次は何をするんだっけ?」と忘れてしまうこともしばしば……。

　そんなときに見て確認できる物があれば、いつでも思い出せるので、安心して取り組めます。

実際にやってみせる

　「どうしたらよいか」がわからないようであれば、口であれこれと説明するよりも、「こうやるんだよ」と、実際にやって見せてあげれば一目瞭然。

　園や学校では、「○○くんを見て。はさみで丸を切ってるね」など、モデルにするとよい友達の存在を教えてあげるのもよいでしょう。

絵や写真を使って

　絵や写真、文字などを見せながらだと、コミュニケーションをとりやすくなります。読み書きが得意なら「文字」、不得意なら「絵」、実物に近いほうがよければ「写真」というように、その子に合う方法を見つけます。

　「文字にも興味が出てきたので、絵と文字を組み合わせよう」「写真だと具体的すぎて、細かい部分が気になってしまうみたい」など、その子のようすに合わせて、アレンジをしてください。このとき、ただ絵を見せるだけでは、言葉が身につきにくいので、必ず言葉を添えましょう。

　また、見て理解する力が強いだけに、絵で伝えられると、嫌なことでも受け入れてしまい、ストレスをためてしまうこともあります。言うことを聞かせるために使うのではなく、あくまでもその子が安心できるためにという視点を忘れずにいてください。

絵を使ったコミュニケーション①　大人から子どもへ

※②は P.99

言葉でも簡潔にはっきりと伝える。

どんな絵がよいかがわからない場合は、いくつか用意して試してみる。子どもによって「お風呂」をイメージするものが違う。

やることの隣に時計のイラストを入れると、行動と時間をセットで理解できるようになる子も。

約束事を思い出せるように。

目で見て「わかる」「思い出せる」環境

　忘れても思い出せたり、次にやることがわかって安心できたりする環境をつくるのにも、絵や写真、文字などが有効。また、「ここは何をする場所か」がわからず戸惑う子もいるので、見てわかる空間づくりも大切です。

　こういった工夫は園や学校にも伝えて、同じようなかかわりをお願いできると、より効果的でしょう。

※②はP.106

見て「わかる」環境づくり①

●「今何をするか」がわかるように

朝起きてから園（学校）へ行くまでにすることを表に。一度に多くの絵を出すと混乱するので、優先順位の高いものから3〜4つはり出す。マグネットボードで取り外し可能にしておくと、終わった工程を取り外して「次」が明確に。

1枚ずつめくるタイプも。

●「どこで何をしたらよいか」がわかるように

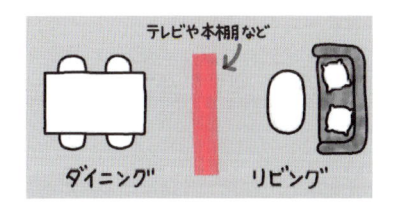

それぞれ何をするための部屋かがわかるよう、家具で仕切る。

ラグを敷いて「ここはあそびのスペース」と明確にする。

予定が変わると不安になる子には……

変更は事前に知らせる

10/10	にち	🏯	うんどうかい
10/11	げつ	🏠	いえ
10/12	か	🏫	がっこう
10/13	すい	🏫	がっこう
10/14	もく	🏫	がっこう
5	きん	🏫	がっこう
	ど	🏠	いえ

今日は
運動会があるから
明日は学校は
お休みです

子どものキモチ

「いつもと違う!」「どうしたらいいの?!」
「いつも通りならちゃんとできるのに……」
「聞いてないよ!! どうして? 説明して!」

これはNG!

● 予定の変更があることを伝えない、または直前に伝える。
● 予定をころころ変える。
● 「前にもあったから大丈夫でしょ」などと言う。

予想外の変化に、強い不安を感じます

　ASDのある子は、「いつもと同じ」だったり「自分の予測通り」だったりすると、何をすればよいのかがわかるので安心して行動できます。しかし、例えばスケジュール変更など、予想外のことが起きると強い不安を感じ、パニックを起こすこともあります。ほかにも、物の配置が変わった、いつもある物がないといった変化も苦手です。

　これは、「このあとはどうなる?」「こんなふうになるのかな?」などと想像する力が弱いからだと考えられます。見通しがもてず、どうすればよいのかわからなくなってしまうのです。

　また、変化に対して、「前にもこういうことがあったから、こうすればいいんだ」というように自分の経験や知識を応用することも苦手です。ASDのある子にとって、そういった1つ1つの経験や知識は別々のもので、積み重なっていきません。そのため、例えば、毎年同じ行事を経験していても、その子にとっては1回1回が新しい体験。「去年もやったから大丈夫でしょ」は通用しないのです。

　不安にならないために、予定の変更がある場合は事前に予告して、心の準備ができるようにすることが大切です。

2章

子どものキモチ、大切なかかわり10

早めに変更を知らせ、どうしたらよいかを確認

　すべての変化を取り除くことはできないので、少しでもそのストレスを減らすために、前もって次の3点を説明しておくことが大切です。

①こんなことが起こる（変更の内容）

②それはなぜか（理由）

③そのときはこうしたらよい（対応の仕方）

　この3つを理解して納得できていれば、当日、子どもも安心して行動することができるでしょう。

　ただし、子どもが納得するのに時間がかかることもあります。数日かかることもあるので、できるだけ余裕をもって予告し、繰り返し伝えましょう。納得できないままだと、かえって不安になってしまいます。

　また、「こういう場合はこうなるよ」と、変更の可能性を前もって伝えておくのも1つの方法です。例えば、待つのが苦手な子どもに「●●レストランが混んでいたら、△△のお店、そこも混んでたら□□だよ」というように。これだと、変更も予定のうちに入っているので、変更と感じずに応じてくれる場合があります。これらの対応は園や学校にも伝えて、連携して行っていけるとよいですね。

少しずつ変更に慣れていく練習も

ASDのある子にとって、変化のない毎日が安心だという場合が多いのですが、そのような生活がずっと続くとは限りません。

あくまでもようすを見ながらですが、「A→B」だったのが「B→A」になるよ、と意図的に変化を加えていくとよい場合もあります。すると、成長とともに「B→A」でもいいかと思えることもあったり、少しずつ広げていくことで、「こういうときは、こうすればOK」と本人が自分で気づけることもあります。

変更に応じられたら、「ありがとう」「いつもと違っても大丈夫だったね、すごい！」と、感謝やほめ言葉をかけましょう。

基本は、子どもを不安にさせないこと

「次は○○をする」「3時になったらおやつを食べる」というふうに、一日の流れを強く意識して生活している子にとって、予定がころころ変えられたり、事前の予告がなかったりすると安心できず、信頼関係も築きにくくなります。

基本的には、極力予定は変更しないという姿勢で、それをしっかり守ることが大事。そうすると、子どもは「この人は、わたしの予定をちゃんと守ってくれる」「この人といれば安心」と感じられるようになってきます。そうやって関係ができてくると、「●●ちゃん、今日は△△が□□になるよ」と、やむをえず予定を変更することがあっても、「この人が言うんだから、まあいいか」と思えるようになることもあります。

もし、変化についていけずに、子どもが不安そうにしていたら無理強いせず、その子が好きなあそびをしたり、落ち着く場所に連れて行ったりして、心の安定が回復できるように支えてください。

かかわり：**7**

気持ちを切り替え
やすくする

5時になったから
テレビは 終わり。
お風呂だよ

てれび　おふろ

子どものキモチ

「次に何をしたらよいかわからない」

「納得いかない」

「自分はこういうつもりなのに」

「もう少しやりたい、もうちょっとだけ……」

これは
NG!

- やっていることを無理やり
  やめさせる。
- 「○○しないと、次△△でき
  ないよ」と声をかける。
- 子どものペースに合わせて
  ばかりになってしまう。

途中で切り上げるのが苦手な子どもたち

ASDのある子は、なかなか状況に柔軟に対応できず、「次にこういうことがあるから、今はこうしよう」などと考えて行動するのが苦手です。

そのため、あそんでいる最中に突然「買い物に行くから終わりにしようね」「お片付けしてね」などと言われても、やめられません。自分に「そのつもり」がないときに、終わりにされることが納得できないのです。

このような姿は、子どもであればよく見られる光景ですが、ASDのある子は感情をうまくコントロールできなくてパニックになり、やめさせようとすればするほど、エスカレートしてしまうことも……。また、なかなか経験が積み重なっていかないので、毎回同じような場面でこのようなひともん着があり、生活が思うように進まない、といった大変さもあります。

自分のなかで「1をやったら次は2をして、3をやったら終わり」とこだわりの予定や手順があって、変更したり、途中でやめたりできない子も。その通りにできないと、最初からやり直そうとすることもあります。

また、好きなことをしているときは、過剰なほど集中していることも多いので、何か言われても耳に入っていかないこともあるようです。

なかなか自分では切り替えられないので、大人がきっかけをつくったり、安心して次の場面に移れるような配慮をする必要があります。その子に合った方法を考えてみましょう。

「始まり」と「終わり」をはっきり伝える

「今やっていることを終わりにするタイミング」を明確に伝えましょう。
その子の理解に合わせて、どのように伝えるか工夫してください。

「始まり」と「終わり」を伝える工夫

●「終わりの合言葉」で

「あそびは終わりです」って言ったら終わりね

言葉がわかれば終了の言葉を決めておく。
「終わりの歌」を作っても。園や学校では
個別に声をかけてもらうようにする。

●時計を使って

10時になったら終わるよ

時計を見せて、数字で伝える。自分で決め
たことは守れる子が多いので、本人が「あ
と何分」と申告するようにしてもよい。

●音を使って

鈴を鳴らしたら終わりだよ

チリン

「終わり」を知らせる音を決めておく。

●切り替えのおまじないを作る

3回深呼吸をしたら…

おしまい!

スー スー スー

決まった行動を設定することで、気持ちが
安定する。子どもと切り替えのおまじない
を決めても。

安心して次に進めるような声かけを

　次にやることを知らせるときには、子どもが混乱しないように、「今から何をするか」「どのようにするか」「どれだけするか」「どうなったら終わりなのか」をはっきり伝えることを意識しましょう。

　もし、次の行動に移るのに心の準備が必要なら、少し前に声をかけましょう。前もって約束をする場合は、本人と話して、「●時に終わり」と納得できる時間で設定するのがコツです。

　あそびなどによく集中していて、こちらの言葉が耳に入っていないと感じたら、優しく肩を触って目を合わせてから語りかけるとよいでしょう。

　なお、余裕がないときは「○○しないと、△△できないよ」といった否定的な表現を使いがちです。しかしそれでは内容が理解できないうえに、否定的なイメージだけが残ります。せっかくなら、「○○したら、△△だよ」と、次が楽しみになるような語りかけを意識できるといいですね。

少しずつ、こちらのペースに合わせてもらうことも

　ASDのある子が、状況に合わせて気持ちや行動を切り替えられるようになるには、時間がかかります。大人もエネルギーを使うので、つい、子どものペースに合わせてしまっても無理はありません。ただ、それが続くと、我慢が必要なときもあることを、子どもが学ぶことができません。

　子どもの怒りがおさまらなくても、ひるまずに次の行動へ促し、こちらのペースに合わせてもらうこともあります。そんなときは、「ごめんね。もっとあそびたかったね」「よく頑張ったね」など、子どもの気持ちに寄り添って、ほめる言葉を忘れないでください。

かかわり：8

発信する力を育てる

入れてって言うんだよ

子どものキモチ

「だれにどう意思を伝えたらよいか
わからない」
「人に伝えるってどういうこと?」
「なんて言うの?　これで大丈夫?
やっぱり言えない」

これはNG!

- かかわり方がわからなくて友達に手を出しても、そのままにしておく。
- 「言わなきゃわからないでしょ」と怒る。
- コミュニケーションをとることをあきらめてしまう。

「相手に伝える楽しさ」が感じられるように

　ASDある子はコミュニケーションが苦手ですが、どこに課題があるのかはさまざまです。

●言葉の発達自体が遅れている場合
　言いたいことをどう表現したらよいのかがわからない。

●人に意思を伝えるために言葉を使えない場合
　言葉を発してもオウム返しだったり、相手の気持ちやその場の空気が読めなかったり。場に合わせて自分の伝えたい言葉を発信できない。

●言葉を覚えたいという欲求が出てこない場合
　人への関心が薄く不安も強いために、人とかかわろうとしない子も。だれかと話したいという欲求が低く、なかなか言葉が覚えらえない。

　伝えたいことがあるのに伝えられない場合、そのもどかしさはいかばかりでしょう。思いを言葉にできず、かんしゃくを起こす子もいます。

　また、正しい伝え方がわからないと、例えば友達に手を出してしまうなどの望ましくないかかわりであっても、「それで相手の反応を得られる」と間違った学習をしてしまい、繰り返す子もいます。

　ゆくゆくは、SOSや自分の意思を、周囲の人にわかるように発信する力を育てていくことも大切です。でも、焦る必要はありません。また、「言葉」だけにこだわる必要もありません。その子の理解に合わせて、「どのように伝えたらよいか」や「伝える楽しさ」を知らせていきましょう。

一緒に
あそぼ！
ドン

楽しい雰囲気で、「言葉」の存在を伝える

　言葉の発達が遅れていたり、言葉自体に関心が向かないという場合、その子の興味のあるあそびなどを通して、「言葉」の存在を伝えていきます。

　例えば、「赤い車だね」というように、物には必ず名前があり、言葉で表現できることを知らせるのです。すぐに思うような反応が返ってこなくても、焦りは禁物。楽しい雰囲気で伝えることを意識してください。

　人に関心が向きにくい子の場合、まずは、人と安心してかかわり、よい関係性を築くことが基本。「早く！」と焦らずに、「どうしたらその子と楽しい時間が過ごせるか」を考えましょう。

伝え方を知らせて、練習する

　言葉は知っているけど、相手に「これは嫌」「こうしてほしい」などと伝えられず、手を出してしまうという場合。まずは相手の子に謝ったうえで、その子の気持ちを代弁して共感し、「こんなふうに伝えたらわかるよ」という見本を知らせます。そして、その言葉を一緒に練習しましょう。

　すぐ言葉にできなくても、時間をかければ適切な言葉を選び出せる子もいます。少し緊張が和らいでから、「さっき、なんて言ったらよかったのかな？」と言葉を引き出し、相手に伝えられるように働きかけます。園や学校であれば、友達のやり取りを見せるのもよいでしょう。

「言葉」だけでなく、絵なども活用

話し言葉でのコミュニケーションが難しい子の場合、P.86でも紹介したように、絵や文字、写真などを使う方法があります。

まずは、絵のカードなどで大人から子どもに伝えることを繰り返し、慣れてきたら、子どもが自分の要求を発信するところから始めるとよいでしょう。自分から発信することで、楽しいことが起こる。そう理解できると、発信する意欲が高まります。絵を渡しながら何か言おうとするなど、言葉への関心も示すようになってきたら、「"ちょうだい"って言うんだよ」などと徐々に伝えていきましょう。

絵を渡してニコッとしたり、気持ちを表現することでかんしゃくが収まる子も。自分の意思が伝えられることは喜びなのです。

絵を使ったコミュニケーション②　子どもから大人へ　※①は P.86

おもちゃの絵カードを並べて、子どもがあそびたいおもちゃを選ぶ。

子どもがよく欲しがる物の写真や絵を冷蔵庫などにはっておく。本人が要求してきたらその写真の物を言葉で伝え、実物を渡す。

「○」や「×」、笑顔、怒っている顔、泣いている顔などの絵を見せて、気持ちを伝えられる子も。

かかわり：9

得意なことや興味を生かす

子どものキモチ

「好きなことなら自信をもってできる」
「やる気が出てきた！」
「もっとほめられたい！　認められたい！」
「好きなことは安心できる。得意なのは気持ちがいい」

これはNG!

- つい、できないことばかりに注目してしまう。
- 子どものこだわりを否定する。
- 不得意なことを一生懸命頑張らせようとする。

やる気を引き出し、自信につなげる

　ASDのある子は、その特性のためにできないことが目立ち、頑張りがなかなか報われないこともあります。そのため、達成感を味わう機会が少なく、劣等感が大きくなりがちです。

　1章（P.51〜）で説明したように、このようなストレス状態が続くと、体の不調やうつ症状などの「二次障害」を引き起こし、ときに深刻な状況に陥ってしまうことも……。これは小さいころからの積み重ねなので、二次障害を防ぐには、周囲の大人の日々のかかわりが非常に重要になります。そのためにも、ぜひ、お子さんの得意なこと・興味のあることに注目してください。

　ASDのある子は、得意なこと・不得意なこと、好きなこと・嫌いなことがとてもはっきりしていて、興味のあることに情熱を注ぎ、長時間集中して取り組むことが苦にならないほど。好きなことに関しては難しい本も読破し、大人以上に細かいことまでよく知っている子もいます。

　中には、記憶力や芸術的なセンスなど、特定の分野で特別な力を発揮する子も。例えば、一度聞いた音楽を楽譜なしで演奏できたり、何年も先のカレンダーの曜日を計算したり……。コンピューターを簡単に使いこなす幼児もいます。

　このようなずばぬけた能力だけでなく、その子が普段好きなあそびや得意な分野を見つけておきましょう。「長所を伸ばす」という視点で、その子のやる気を引き出し、自信がもてる場面を増やしていきたいですね。

「苦手」の克服以上に、「得意」に注目

　親御さんとしては、苦手なことも頑張ってほしい、興味を広げてほしい、と感じることもあるでしょう。

　しかし、ASDのある子にとって苦手分野は「脳機能の偏り」によるところが多く、「努力」や「根性」だけで克服するのは難しい場合も。また、興味のないことを無理強いしても、苦痛にしかなりません。

　それよりも、「得意・興味のあること」を伸ばすことにエネルギーを注ぐほうが無理がなく、やる気に満ちた楽しい時間を過ごすことができるでしょう。また、得意を伸ばすことで苦手な分野も伸びていくこともあります。

　こだわりの強さや興味の偏りは、子どもが安心できる世界でもあるので、なくすのではなく、そこを基点にできることを増やすことを考えましょう。「機械ばかりいじっている」→「将来、技術職に就くとよいかも？」などと見方を変えると、こだわりを「長所」としてとらえることができます。

「認められた！」と感じられるように

　子どもが自分の好きなことにいい顔をして取り組んでいるとき、「〇〇ちゃん、すごいね！」「よく知ってるね！」「集中して頑張ってるね」など、その子を励ましたり、認めたりする言葉をたくさんかけてください。

　ほめられることで、ほかの場面でも認められたいと積極的になったり、苦手にチャレンジしたりする気持ちが育つのを待ってみましょう。

「できない」ことのほうが目立ってしまい、家でも園や学校でも、しかられたり、「困った子」と見られたりするほうが多くなりがちな子どもたち。ほめられ、認められる場面を意識的に増やしていきたいですね。

わたしたちは、子どもができなかったことができるようになると、ほめる言葉が自然に出てくるものですが、得意なことでよい結果を出したり、一生懸命取り組んでいる姿に対しては、意外にスルーしてしまいがちです。

「わたしは（ぼくは）価値のある人間だ」と感じられることは、とても大切なこと。今、当たり前に「できること」にも、ぜひ積極的に目を向けてください。

「できた!」を実感できる工夫

得意なことを生かし、さらに子どもの意欲や力を引き出す工夫も考えたいものです。虫が好きなら、虫の世話を任せてみてもよいでしょう。園や学校でも「飼育係」に任命してもらい、活躍の場をつくれたらよいですね。

子どもは役割をもち、それを果たすことで、達成感や人の役に立っている充実感を味わうことができます。また、周囲の人が「ありがとう」「ちゃんとやって、えらいね」といった言葉をかける機会にもなります。

好きなことなら、なおさら意欲も増します。「自分って結構やれるじゃん」「こんな自分が好き」と実感できる瞬間を大切にしていきたいですね。成功体験は自信につながり、社会を生き抜く強い心の基盤になるでしょう。

今日もお世話を
ありがとう!

身の回りの
ことをするのが
苦手な子には…

かかわり：**10**

自分でできることを
増やす

えーと…

これは
NG!

子どものキモチ

「いつ、何を、どうしたらよいかわからない」

「どこに何があるのかわからない」

「どうせうまくできない」

「また怒られるかもしれない……」

- 大人がやったほうが早いからと、
  いつもやってあげてしまう。
- いきなり1人でやらせようとする。
- 「どうしたらよいか」がわかる手が
  かりが何もない。

少しずつ「自立」も意識して

ASDのある子は、

●「これから何をするべきか」を自分で判断して行動することが苦手

●いくつかのことを同時に行えない

●手先や動きが不器用

などの理由から、自分で自分のことを行うのが困難な場合があります。

とはいえ、いつまでも周囲の大人が「やってあげる」支援だけでは、子どもの「生きる力」が育ちません。時間はかかるかもしれませんが、少しずつでも、子どもが「自分でできることを増やす」ことを意識しながらかかわっていくことも大切です。

急ぐ必要はありません。お子さんのペース、特性に合わせて、どうすれば自分でやりやすくなるのかを考えましょう。

「一緒に」から、少しずつ手を引いて

例えば、荷物の整理の仕方がわからず、戸惑っているのであれば、まずは一緒に行います。何度も繰り返し、楽しく行いましょう。慣れてきたら、片付ける場所を指して知らせたり、声をかけたりするだけにし、その後は離れて見守るなど、徐々に支援の手を離します。

また、達成感をかんじられる方法として、最後の部分だけを1人でやるところから始めるのもよいでしょう。例えば、ズボンをはくのであれば、最後にズボンを引き上げるのだけは自分でやる。最後の部分を1人でやれると、「自分でできた」という喜びを感じられ、意欲が増します。このように、最後から1つずつ前の動作をプラスして、流れをつくっていくとよいでしょう。

「何をどのようにするか」が目で見てわかる表を

　ASDのある子は目で見たほうが理解しやすい傾向があり、「今・次にやること」をイメージしやすくなります。

　P.87で紹介したような手順表を作っておくと、子どもがいつでも自分で確認でき、安心して取り組むことができます。朝の支度や片付け、歯磨き、トイレといった生活習慣など、表示を工夫をしてみましょう。理解度によって、必要となる表示の細かさも変わってきます。ようすを見ながら表示を増やしたり、間引いたり、調整しましょう。

　園や学校であれば、ASDのある子だけでなく、どの子にとってもわかりやすい表示になります。

見て「わかる」環境づくり②

※①は P.87

●生活習慣の手順表

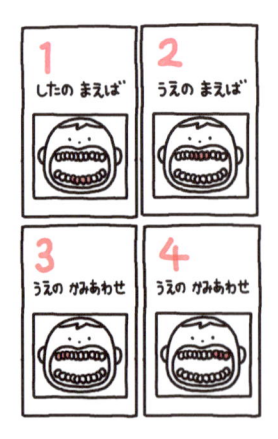

歯磨きの手順表。

●持ち物の確認表

ホワイトボードにマグネットで持ち物の絵をはる。近くにかごを置いておき、そこに用意するとわかりやすい。

「どこに何があるか」がわかりやすい環境に

空間を整理して、「どこに何があるか」が見てわかる配慮も有効です。

また、「どこで何をするか」ということについても、パッと見てわかる表示をすると、子どもが自分で身支度や片付けをしやすくなります。できるだけ置き場所は固定し、子どもが混乱しないように配慮しましょう。

物の置き場所の表示

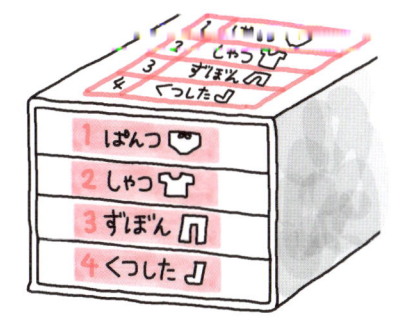

衣類の場所と着替えの順番の表示。どこに何を入れるかは、子どもと相談して決めると、わかりやすさや意欲が増す。

園や学校では自分の物を片付ける場所に、それぞれのマークや写真を表示。

動線はシンプルに

1つの行動について、動線があちこち移動したり、長かったりすると、それだけ刺激が多くなり、何をしたらよいかわからなくなる子もいます。

例えば、朝の支度をするのに、かばんは子どもの部屋、帽子は玄関などとバラバラに置かれていると、子どもは混乱……。次の日必要な物は1か所にまとめておくなど、動線を短くする方法も考えましょう。

衣類の扱い方をわかりやすく知らせる

　衣類の向きがわからなかったり、うまく体を動かせなかったりして、自分で服を着たり、身支度を整えたりすることができない子もいます。

　この場合も、やり方を具体的に知らせながら一緒に行い、目で見てわかる工夫が大切です。子どもの「できた!」を引き出し、徐々に支援の手を減らしていくとよいでしょう。

「着たり脱いだり」しやすくする支援の例

●目印を付ける

表裏がわからない場合は、表側にアップリケなどを付ける。靴は左右そろえると完成する絵をかいても。

●少しずつステップアップ

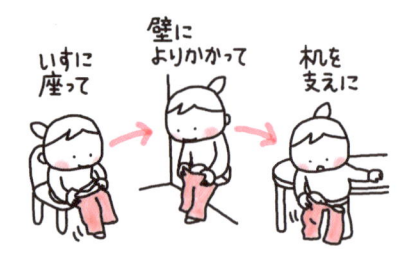

少しずつステップアップして、体の使い方を知らせていく。

すかさず、繰り返しほめる

　自分でできたら、間髪いれずに「すごいね!」「頑張ったね!」などと、ストレートな言葉でほめましょう。成功した体験が多く積み上がっていくように、ちょっとのことも繰り返しほめ、自信につなげたいですね。

　子どもが理解できる環境とわかりやすい説明、大人からの励ましがあれば、自分からチャレンジして、できることも増えていくはずです。

3章

子ども・家族の ケアとサポート

どの地域にも、子どものことを一緒に考え、
サポートしてくれる専門家が身近にいます。
親御さんだけで悩みを抱え込まないでください。

まず、どこに相談？

「もしかしたら、うちの子は自閉症スペクトラム（ASD）？」「だれかに不安な気持ちを聞いてもらいたい」などと感じたら相談を。相談先はいろいろあります。

発達を専門的に診る医療機関

　子どもの育ちに不安を感じたら、専門家に相談してみましょう。発達を専門的に診て、診断を行うのは、次のような医療機関の一部の医師です。

> ### 発達障害を診る医療機関
> ●児童精神科
> ●小児神経科
> ●子どもの発達に詳しいクリニック

※日本小児神経学会のホームページで、発達障害を診ることのできる小児神経科の専門医の名簿が公開されています。
http://child-neuro-jp.org/

まず、身近な相談機関を利用して

　現状では、ASDなどの発達障害を専門に診る病院は少なく、残念ながら、診察の予約が取れても数か月後……という状況も珍しくありません。また、病院ごとの専門性の高さにもバラつきがあり、あまりに手軽に診断されてしまうことによる「過剰診断」も問題になりつつあります。

　まずは身近に相談できる所を探して、そこから信頼できる医療機関につないでもらうとよいでしょう。受診まで時間がかかる場合は、その間どうしたらよいか相談に乗ってくれる所もあります。お子さんの状態によっては、医療機関にかかるほどではなく、地元のデイサービスなどでサポートを受けるのがベストな選択、診断がなくても大丈夫という場合もあります。

　それぞれの地域に、子どもの発達を支援するさまざまな機関があります。どのような相談先があるかを知り、まずは、つながりましょう。

※名称（呼称）は地域によって異なります。

●保健所・保健センター

就学前の子どもの育児において、いちばん身近な相談機関。乳幼児健診のときなどに保健師に相談し、医療や療育の専門機関につないでもらうことができます。

●子育て支援センター

子育て家庭の支援活動を行っています。自治体が行うものから、NPO法人や企業などが運営するものまでさまざま。専門家による育児相談を行っている所も。

●児童家庭支援センター

18歳未満の子どもや子育て家庭のあらゆる相談に応じています。ショートステイや一時預かりなど、在宅サービスの提供を行っています。

●児童相談所・児童相談センター

18歳未満の子どもの総合的な相談窓口。発達障害の相談にも応じて、発達検査や診断を行うことも。療育手帳の交付や各専門機関への紹介も行います。

●保育所・幼稚園

子どもと保護者の支援を行っており、親子にとっていちばん身近な相談先かもしれません。園庭開放や育児相談など、地域の親子を支える取り組みも。

●かかりつけ医

普段かかっている小児科・内科医が、発達障害に詳しい場合も。また、発達障害に関して専門的に相談を行っている所もあります。

●発達障害者支援センター

各都道府県に1か所以上あり、発達障害のある幼児から成人までを対象に、相談、専門機関の紹介、就労支援などを行います。電話相談も受け付けています。

●子ども発達支援センター

子どもの発達に関する相談に応じ、発達の気になる子どもを対象とするあそびや指導を実施している所もあります。

健診で気づくことも

乳幼児期に行われる健診をきっかけに、発達の偏りに気づく場合も。
子育てや子どもの発達について悩んでいることを、相談できる場でもあります。

育ちを専門家の目で確認する「乳幼児健診」

　全国のどの地域でも、乳幼児の健康診査（健診）を行っています。健診を受けるタイミングは地域によっていろいろですが、全国で統一して必ず行われるのは、1歳6か月と3歳の2回。

　医師や保健師などが子どもの発達の状態を確認し、子育ての悩みにアドバイスをします。また、発達の偏りに気づき、専門機関につなげる場合もあります。

　発達障害の傾向をみるという点でいえば、気づかれやすいのがASD。ASDのある子に困難が現れやすい「人とのかかわり」や「コミュニケーション」は、0〜3歳で大きく発達するため、遅れが明らかになりやすいのです。

　お子さんの発達が気になる場合、下記の健診で確認されるポイントも参考に、積極的に質問していくとよいでしょう。

1歳6か月健診では

心身の発達の確認、病気の早期発見などが主な目的で、次のような点を確認。

アイコンタクト／大人の動作をまねる／指さしを目で追う／興味のある物を指さしで伝えたり、持ってきて見せたりする／簡単な指示を理解する／社会的参照（序章 P.16参照）　など

3歳児健診では

発達障害の発見も視野に入れて行われ、次のような点を確認。

・保護者からの聞き取りからは…会話のようす／興味の偏りやこだわり／注意・集中・多動性　など
・子どもからは…名前や年齢などの簡単な質問に対する応答／大小や長短、色などの認識　など

会場での子ども同士のかかわりや親子のようすを観察することも。

就学準備のための「5歳児健診」

最近、5歳児健診を取り入れる地域が増えてきています。医師は参加せずに「5歳児相談」「発達相談」として行う所もあります。

3歳児健診では、はっきりとしなかった発達の偏りが、保育所や幼稚園での集団生活の経験によって、目立ってくることが多くあります。そのまま小学校に上がると、集団行動ができなかったり、学習についていけなかったりして、ますます苦労する子も……。

そのため、就学まで1年以上ある時期に気づき、余裕をもって支援につなげられるように、5歳児健診が取り入れられるようになりました。

内容は、個別の診察と集団行動の観察。医師の診察では、おもに集団に適応する力や認知の発達、情緒の安定性などを見ます。園の担当保育者が同席する場合が多く、園生活での状況も伝えます。

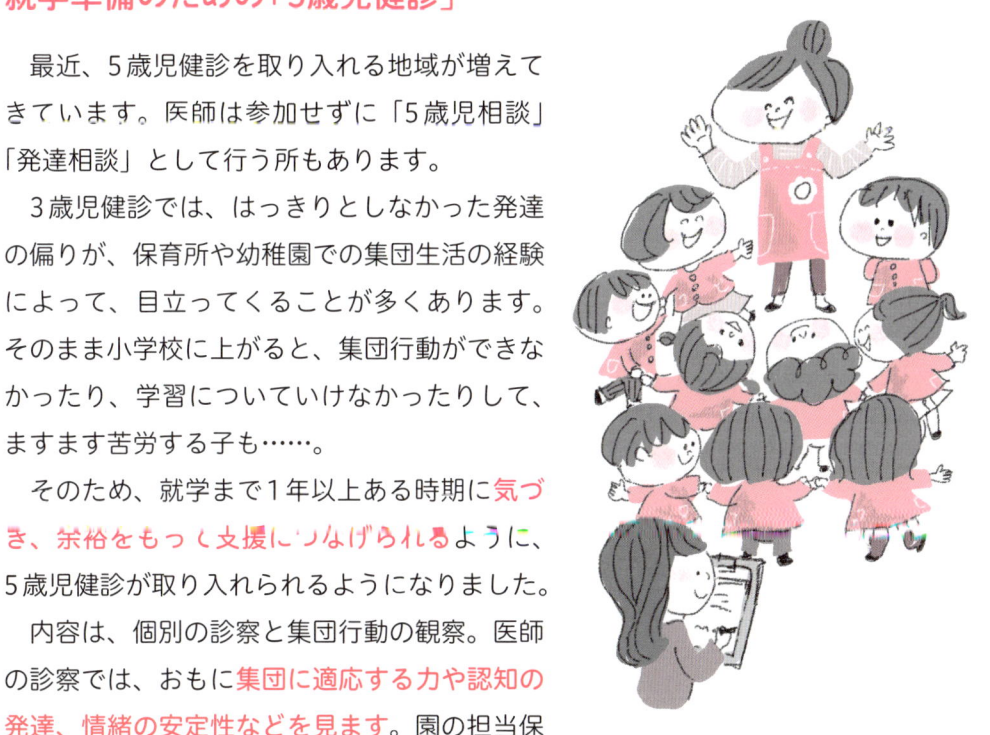

健診は保育所や幼稚園で行うことも多く、集団あそびでの行動やようすを見ることもあります。

就学先の検討にもかかわる「就学時健診」

就学する前の年の10〜11月ごろ、小学校で「就学時健診」が行われます。

学校での集団生活に備えて、心身の状態を確認するのが目的。体の健康状態のほかに、知的な発達も確認します。

ASDなどの発達障害があり、特別な支援が必要だと考えらえる場合は、子どもに合った就学先をしっかり検討できるように、「就学相談」を勧められることもあります。就学に向けて悩みがあれば、相談するとよいでしょう。

ASDの診断

大切なかかわりを知るために

「わが子はASDかもしれない……」と、病院を訪れるときの親御さんは、不安で押しつぶされそうな心境かもしれません。どこかで、「そうであってほしくない」という思いもあるかもしれません。

実際にASDと診断されて、「受け入れたくない」という人、しばらく向き合えずにいる親御さんもいますが……それは無理もないことです。

いろいろな感情が押し寄せ、葛藤もあると思いますが、「診断」はお子さんを理解するための道しるべになるものです。また、医師も診断した以上は、親御さんと一緒になって「じゃあ、どうしたらいい?」と、とことん一緒に考えます。強力なサポーターを得るチャンスでもあるのです。

ASDそのものをなくすことはできなくても、どこでつまずいているかを知り、その子が必要としているかかわりを行うことで、必ず大きく成長します。診断名によって、その手がかりを手に入れたと理解してください。焦らず、少しずつ向き合っていけば大丈夫です。

だれが診断するの?

　ASDの診断を行うのは、児童精神科や小児神経科の一部の医師です。

　健診や発達相談で勧められたり、かかりつけ医の紹介などで受診をする人が多いようです。直接専門医で受診しようと考えている場合も、P.110で述べたように、まずは、かかりつけ医や保健所など身近な専門家や、発達相談などに連絡を。医療機関にかかる必要があるかどうか、かかるならどこに行けばよいかなど、アドバイスをもらうとよいでしょう。

用意しておくとよい物

　受診の予約をするときに、当日持っていく物を伝えてくれますが、次のような物を持っていくと参考になります。

診察の参考になる物の例
- 母子手帳
- 成育歴や病歴を書いたもの、各種検査結果、お薬手帳など
- 育児日記、園の連絡帳、学校の通知表
- 写真やアルバム、ホームビデオ
- 本人の作品（絵や工作物）、学習ノート
- 発達検査の結果（あれば）
- 紹介状（あれば）

　いろいろ聞きたいことがあったのに、診察の場では緊張して忘れてしまうこともあります。「これだけは聞いておこう」「言っておこう」と思うことは、前もってメモをして、持っていくようにしましょう。

診察の流れ

　病院によっていろいろですが、最初の受診は1時間くらいかかると思っていたほうがよいでしょう。同じ日に検査も行う場合は、さらに時間がかかります。診察は次のような内容になります。

●問診

保護者との面談がメイン。資料を見ながら、子どもの育ちや生活のようす、保育所・幼稚園や小学校でのようす、保護者が日ごろ気になっていることを、丁寧に聞き取ります。

●行動観察

面談中に子どものようすを見る、専門のスタッフと一緒にあそぶようすを部屋の外から見るなど、いろいろな方法があります。

おもに、名前を呼んだときに反応するか、どれくらい話せるのか、どんなことを話すのか、視線を合わせるか、お母さんやほかの人とどんなふうにかかわるか、といった子どもの言動に注目します。

●検査

診断の参考に、検査をする場合もあります。

・「発達検査」…身体運動能力や社会性などの発達水準を測る。

・「知能検査」…知的能力を測る。

・「スクリーニングツール」…ASDの可能性の高さを調べる。PARSやASQなど。

といったものが用いられます。

子どもの状態によっては、体の診察や脳波検査を行うこともあります。

こうして、診察や検査などから必要な情報を集めて検討し、その日にわかる範囲で「お子さんにはこんな傾向があるかもしれない……」という見立てを保護者に伝えます。そして今後、どんな治療・療育（P.120〜参照）を行うか、保護者と相談します。

診断をするとき

　診断は、親御さんの話や子どものようす、検査結果などを手がかりに、診断基準※（P.118〜119に掲載）と照らし合わせて行います。

　初診当日に診断書を出すところまで希望する人もいますが、よほどの事情がない限り、その日のうちに診断名を告げることはありません。

　ASDの状態は変化するもので、そのときの状況や環境によっても特性の現れ方が違います。ましてや、初めて来た慣れない場所で、緊張や不安が高まる中での診察になるので、子どものようすがいつもと違うことも多々あります。

　一度の診察ですべてがわかるわけではなく、下の図のように、繰り返し子どもの育ち方を確認して、慎重に判断しなくてはなりません。診断を告げるまでに数か月、数年かかる場合もあります。

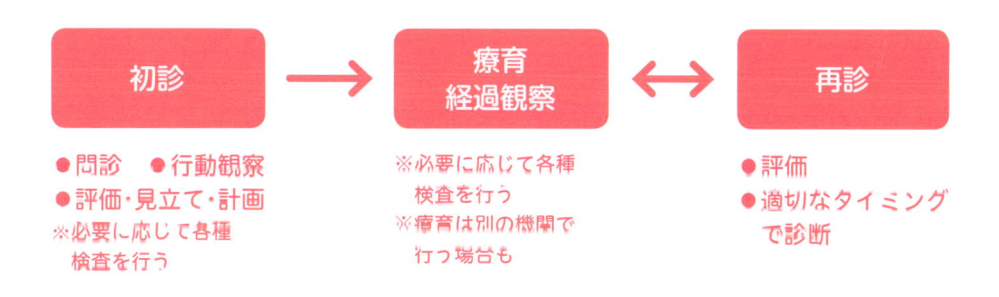

※診断基準……自閉症スペクトラムの診断には、現在日本では、おもにアメリカ精神医学会が定めたDSMの「自閉スペクトラム症／自閉症スペクトラム障害」の診断基準と、世界保健機構の定めたICDの「小児自閉症」の診断基準が用いられています。

ASDの診断基準（DSM-5）

自閉スペクトラム症／自閉症スペクトラム障害

A. 複数の状況で社会的コミュニケーションおよび対人的相互反応における持続的な欠陥があり、現時点または病歴によって、以下により明らかになる（以下の例は一例であり、網羅したものではない；本文参照）。

 (1) 相互の対人的-情緒的関係の欠落で、例えば、対人的に異常な近づき方や通常の会話のやりとりのできないことといったものから、興味、情動、または感情を共有することの少なさ、社会的相互反応を開始したり応じたりすることができないことに及ぶ。

 (2) 対人的相互反応で非言語的コミュニケーション行動を用いることの欠陥、例えば、まとまりのわるい言語的、非言語的コミュニケーションから、アイコンタクトと身振りの異常、または身振りの理解やその使用の欠陥、顔の表情や非言語的コミュニケーションの完全な欠陥に及ぶ。

 (3) 人間関係を発展させ、維持し、それを理解することの欠陥で、例えば、さまざまな社会的状況に合った行動に調整することの困難さから、想像上の遊びを他者と一緒にしたり友人を作ることの困難さ、または仲間に対する興味の欠如に及ぶ。

B. 行動、興味、または活動の限定された反復的な様式で、現在または病歴によって、以下の少なくとも2つにより明らかになる（以下の例は一例であり、網羅したものではない；本文参照）。

 (1) 常同的または反復的な身体の運動、物の使用、または会話（例：おもちゃを一列に並べたり物を叩いたりするなどの単調な常同運動、反響言語、独特な言い回し）。

 (2) 同一性への固執、習慣への頑なこだわり、または言語的、非言語的な儀式的行動様式（例：小さな変化に対する極度の苦痛、移行することの困難さ、柔軟性に欠ける思考様式、儀式のようなあいさつの習慣、毎日同じ道順をたどったり、同じ食物を食べたりすることへの要求）。

 (3) 強度または対象において異常なほど、きわめて限定され執着する興味（例：一般的ではない対象への強い愛着または没頭、過度に限局したまたは固執した興味）。

 (4) 感覚刺激に対する過敏さまたは鈍感さ、または環境の感覚的側面に対する並外れた興味（例：痛みや体温に無関心のように見える、特定の音または触感に逆の対応をする、対象を過度に嗅いだり触れたりする、光または動きを見ることに熱中する）。

C. 症状は発達早期に存在していなければならない（しかし社会的要求が能力の限界を超えるまでは症状は完全に明らかにならないかもしれないし、その後の生活で学んだ対応の仕方によって隠されている場合もある）。

D. その症状は、社会的、職業的、または他の重要な領域における現在の機能に臨床的に意味のある障害を引き起こしている。

E. これらの障害は、知的能力障害（知的発達症）または全般的発達遅延ではうまく説明されない。知的能力障害と自閉スペクトラム症はしばしば同時に起こり、自閉スペクトラム症と知的能力障害の併存の診断を下すためには、社会的コミュニケーションが全般的な発達の水準から期待されるものより下回っていなければならない。

注：DSM-Ⅳで自閉性障害、アスペルガー障害、または特定不能の広汎性発達障害の診断が十分確定しているものには、自閉スペクトラム症の診断が下される。社会的コミュニケーションの著しい欠陥を認めるが、それ以外は自閉スペクトラム症の診断基準を満たさないものは、社会的（語用論的）コミュニケーション症として評価されるべきである。

出典／日本精神神経学会（日本語版用語監修）、高橋三郎・大野裕監訳『DSM-5精神疾患の診断・統計マニュアル』p.49〜50、医学書院、2014

小児自閉症の診断基準（ICD‐10）

F84.0　小児自閉症【自閉症】

A.　3歳以前に、次にあげる領域のうち少なくとも1項の発達異常または発達障害が存在すること。
- (1) 社会生活のためのコミュニケーションに利用する受容性言語または表出性言語
- (2) 選択的な社会的愛着の発達、または相互的な社会関係行動の発達
- (3) 機能的遊戯または象徴的遊戯

B.　(1)、(2)、(3) から併せて、少なくとも6症状が存在し、そのうち (1) から2項以上、(2) と (3) からそれぞれ1項以上を含んでいること。
- (1) 総合的な社会関係における質的異常として、次にあげる領域のうち少なくとも2項が存在すること。
  - a. 視線・表情・姿勢・身振りなどを、社会的相互関係を調整するための手段として適切に使用できない。
  - b. （機会は豊富にあっても精神年齢に相応した）友人関係を、興味・活動・情緒を相互に分かちあいながら十分発展させることができない。
  - c. 社会的・情緒的な相互関係が欠如して、他人の情動に対する反応が障害されたり歪んだりする。または、行動を社会的状況に見合ったものとして調整できない。あるいは社会的、情緒的、意思伝達的な行動の統合が弱い。
  - d. 喜び、興味、達成感を他人と分かちあおうとすることがない（つまり、自分が関心をもっている物を、他の人に見せたり、持ってきたり、さし示すことがない）。
- (2) コミュニケーションにおける質的異常として、次にあげる領域のうち少なくとも1項が存在すること。
  - a. 話しことばの発達遅延または全体的欠如があり、身振り手振りでコミュニケーションを補おうとする試みをともなわない（喃語で意志の伝達ができなかったという既往のあることが多い）。
  - b. （言語能力はさまざまな程度に認められるにもかかわらず）他人とのコミュニケーションで相互に会話のやりとりを開始したりまたは持続したりすることにたいてい失敗する。
  - c. 常同的・反復的な言葉の使用、または単語や文節の特有な言い回し。
  - d. さまざまなごっこ遊び、または（若年であれば）社会的模倣遊びの乏しさ。
- (3) 行動や興味および活動性のパターンが制限され反復的・常同的であるが、次にあげる領域のうち少なくとも1項が存在すること。
  - a. 単一あるいは複数の、常同的で限定された興味のパターンにとらわれており、かつその内容や対象の点で異常であること。または、単一あるいは複数の興味が、その内容や対象は正常であっても、その強さや限定された性質の点で異常であること。
  - b. 特定の無意味な手順や儀式的行為に対する明らかに強迫的な執着。
  - c. 手や指を羽ばたかせたり絡ませたり、または身体全体を使って複雑な動作をするなどといった、常同的・反復的な奇異な運動。
  - d. 遊具の一部や機能とは関わりのない要素（たとえば、それらが出す匂い・感触・雑音・振動）へのこだわり。

C.　その臨床像は、次のような原因で起こっているのではないこと。つまり広汎性発達障害の他の亜型、二次的な社会的・情緒的諸問題をともなう受容性言語の特異的発達障害（F80.2）、反応性愛着障害（F94.1）、または脱抑制愛着障害（F94.2）、何らかの情緒ないし行動の障害をともなう精神遅滞（F70-F72）、ごく早期に発症した精神分裂病※（F20.-）、レット症候群（F84.2）など。

※精神分裂病は統合失調症に名称が変更になりました。
出典／「ICD‐10　精神および行動の障害—DCR研究用診断基準-」(医学書院)　中根允文ほか訳　1994年

ASDのある子どもの療育

子どもの状態に合わせて発達支援をする「療育」は、
どのような場所で、どのように行われているのでしょうか?

「療育」って何?

　ASDの治療は、薬の処方ではなく「療育」がメインになります（1章P.64参照）。初めは、乳幼児健診や発達相談、園やかかりつけ医から療育を勧められる場合が多いようです。

　療育は「治療教育」の略。発達の偏りがある子1人1人の状態に合わせて、力を引き出しながらできることを少しずつ増やし、身の周りのことを自分でしたり、社会でやっていく方法を身につけたりするために行う指導・支援です。

　療育は「障害自体を治療する」ものではなく、必ずしもすぐに効果が出るというものでもありません。

　しかし、子どもの特性をよく理解した専門家が、その子の状態やペースに合わせてプログラムを考え、じっくりとかかわることで、少しずつでも、子どもは確実に発達していきます。スタッフとよく相談しながら、利用してください。

　療育は、日々生きづらさを感じている子と、子育てに不安や疲れを感じている親御さんが安心できる場、成長を喜び合える場になることを目指しています。

どこで受けられるの?

療育を提供している施設には、次のような所があります。

●療育センター・子ども発達支援センター・リハビリテーションセンター
　などの公的な施設

●民間が運営する施設

●大学の付属機関

●病院の付属機関や発達障害専門のクリニック

親子で通う所と子どもだけで通う所があり、受け入れる子どもの年齢も施設によって違います。料金も無料〜1時間7000円くらいと幅があり、形態はさまざま。まずは、実際に見学してみて、お子さんに合いそうな場所を検討することをお勧めします。

詳しい情報が欲しい場合は、自治体の福祉担当窓口、保健所、児童相談所、発達障害者支援センターなどに問い合わせるとよいでしょう。

療育に通うまで

予約から療育の利用開始までは、右記のような流れになります。

利用において「受給者証」(P.127参照)が必要かどうかを施設に事前に確認しておき、必要な場合は、事前に手続きをしておきましょう。

予約
電話などで見学の意思を伝えて予約。

見学

面談・申し込み
専門機関からの紹介状や診断書などがあれば提出し、そちらでの見立ても伝えて、どのような支援が必要かを話し合う。施設が医療と連携している場合、心理・発達検査を行う場合も。

療育計画の検討
専門スタッフと一緒に、療育の内容を検討して計画を立てる。
※必要に応じて各種検査を行う。

利用開始

※これはあくまでも一例。施設によって
　異なります。

だれが指導をするの?

療育施設ではさまざまな専門のスタッフが、支援・指導にあたっています。

●作業療法士（OT）

あそびや活動を通して、不器用さや運動面、基本的な生活動作の指導を行う。

●理学療法士（PT）

立つ、歩く、座るなど、基本的な運動機能の発達を促す指導、相談を行う。

●言語聴覚士（ST）

言葉の発達や発音、聞こえなどに心配のある子どもの指導を行う。そしゃく・嚥下機能（食べ物を飲み込み、胃に送り込む機能）の発達を促す指導も。

●臨床心理士（CP）

発達の偏りや情緒面に心配のある子どもの幅広い相談、指導を行う。

※このほか、保育士・医師・看護師など、さまざまな専門スタッフがいます。

どんなふうに行うの?

大きく分けて、支援者と1対1で行う個別療育と、少人数で行うグループ療育があり、通う頻度は子どもの状態や施設によってさまざまです。

個別療育

言語や認知、手先の操作や全身運動など、その子の苦手なこと、伸ばしたいところに合わせてプログラムを組み、専門のスタッフと1対1で行う。

グループ療育

2〜5人程度の少人数グループで、ルールのあるゲームや協力するあそびなどを通して、コミュニケーション力や社会性をつけていく。

では、実際の療育のようすを見てみましょう（東京都立小児総合医療センターの例）。6〜10人程度のグループ療育で、毎週1回約2時間。利用する子どものほとんどが、地域の保育所・幼稚園に通っています。

1 あいさつ・入室

部屋の前でスタッフとあいさつし、個別のロッカーで準備。トイレを済ませ、上履きにはき替え、お手ふきタオルをセットする。

2 あそび

パズルやままごとなど、それぞれが好きなおもちゃでじっくりあそぶ。

3 あつまり

グループで活動。活動内容は、子どもたちの社会性、認知、言語、運動などの発達に応じて検討。

4 うんどう

あそびながら、体のバランスのとり方、筋肉や関節の使い方、見る・聞く力を伸ばす。

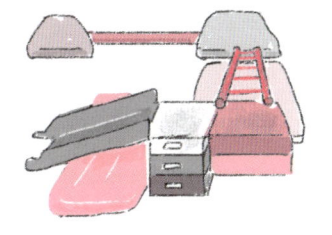

5 べんきょう

スタッフと1対1で個別課題。目と手の協応、言語、社会性、運動、認知など、内容は総合的に構成。

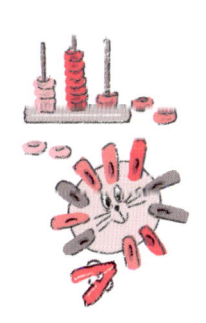

6 おやつ

手を洗う、おやつを選ぶ、あいさつするなど、マナーを理解し、適切に振る舞えるように促す。

7 保護者との面談

療育終了後、毎回10分程度、スタッフと保護者とで面談。その日のようすの報告や、保護者の悩みやかかわり方のアドバイスなどを行う。

療育プログラムいろいろ

今、おもに実践されている療育の方法をいくつか紹介します。これらは、お子さんが困っている部分や苦手なことなど、1人1人の状態に合わせてアレンジして用いられます。療育の現場だけでなく、家庭や園・小学校などでも可能な範囲で取り入れると、より効果的です。

●TEACCH（ティーチ）

TEACCHは、ASDのある子どもたちの感じ方や理解の仕方に合わせた環境づくり・配慮を行うことで、本人が安心して行動し、さまざまなことに自信をもって取り組めるようになることをねらいとして支援をしていきます。

TEACCHの支援メソッドの1つが「構造化」。ASDのある子どもは耳から入る情報よりも目で見た情報を理解するのが得意、という特性に合わせて、環境や情報を「見える化」する方法です。特に、「時間」「空間」「手順」などを構造化することで、子どもは「何をしたらよいのか」を理解しやすくなります。

本書2章「かかわり5　目で見てわかる工夫をする（P.84〜）」などで紹介しているスケジュール表の提示や絵を使ったコミュニケーションは、構造化の一例です。

●感覚統合療法

わたしたちは、五感（触覚・味覚・嗅覚・視覚・聴覚）や前庭覚（バランスをとる感覚）、固有覚（筋肉や関節にかんじる感覚、自分の体の位置や動きを理解するために使う）で受け取った感覚刺激を脳でまとめてから、反応をしています。

適切な反応をするには、感覚刺激を脳で正しく整理し、行動として実行する必要があります。しかし、そこがうまく働かないために、感覚の過敏さ、鈍感さ、動きの不器用さなど、不安定な反応、行動を示します。

感覚統合療法では、こうした感覚機能の働きにおいてどこに問題があるのかを探り、その子が苦痛を感じている部分や苦手な部分について、あそびを通して改善することを目的にしています。

●ＡＢＡ（応用行動分析）

子どもの「行動」に注目して、「好ましい行動」を増やし、「好ましくない行動」を減らすようにかかわるプログラム。

子どもが好ましくない行動をしたときは、その行動に注目しない。そうすることで、子どもにとってプラスにならない状況であることを教えます。

逆に、好ましい行動をしたときはしっかりほめる。子どもがその行動に対してプラスの印象をもち、またやろうと思えるように導きます。

●ＰＥＣＳ（絵カード交換式コミュニケーションシステム）

絵カードを使って、子どもが自発的にコミュニケーションをとろうとする力をはぐくむプログラム。

自分が欲しい物を絵カードで伝えるところから始めて、文章を作る、質問に答えるなど、少しずつ意思疎通を図れるように進めます。

●ビジョントレーニング

視力は悪くなくても、「目をうまく動かせない」子がいます。そのために、物との距離感がうまくつかめなくてボールをうまくキャッチできなかったり、文字を追えなくて本が読めないなど、運動や学業などの面で困難さが生じることも。

そういった困難さに対して、「2つの目をうまく使って効率的に見ているか」「見るべきものを正確に脳でとらえているか」という視点で行うトレーニング。「見る」ことに関する専門家「オプトメトリスト」がサポートします。

「療育手帳」や「受給者証」

これらの名称を初めて聞く人も多いかもしれません。
地域によって制度の内容に違いもありますが、まずは、基本的なことをお伝えします。

「療育手帳」って?

　障害のある人に発行される「障害者手帳」の1つで、地域によって「愛の手帳」「みどりの手帳」などと呼ぶ所もあります。

　基本的に知的障害のある人が対象ですが、知的障害がなくても、生活上の困難の度合いから必要性が認められ、交付されるケースも。知的障害のない発達障害の場合は、「精神障害者保健福祉手帳」を申請するという方法もあります。

　療育手帳があると、さまざまな支援サービスを受けやすくなります。また、将来、特別支援学校高等部に進む場合は、療育手帳の取得が条件となり、就労では障害者雇用枠での就職が可能になります（一般枠も可）。

　一方で、手帳を持つことで「障害者」と認定された気がする、周囲から差別的な目で見られそうという不安があり、申請を迷っている人もいます。

　本人や周囲と相談して、手帳が必要かどうかをよく考えましょう。

●取得の手続き

　各自治体の児童相談所または障害福祉担当窓口に申請し、児童相談所で、心理判定員・医師による判定を受けます（18歳未満の場合）。

●受けられるサービス

- ・税金の控除や減免
- ・公共料金や電話料金の割引
- ・公共交通機関・公共施設・映画館などの無料化または割引
- ・生活保護の障害者加算　など

※障害の区分や自治体によって受けられるサービスは異なります。

「受給者証」って?

　障害のある子が療育機関など児童発達支援事業を利用するときに、提示を求められることのある「障害福祉サービス受給者証（通称、受給者証）」。

　これは「障害者手帳」とはまったくの別物。療育手帳を持っていても、児童発達支援サービスを利用する場合は、別に受給者証を取得する必要があります。

●取得の手続き

　まず、利用したい療育施設を決めて、施設にコンタクトをとります。利用開始の内定をもらったら、地域の障害福祉担当窓口に申請して取得。施設の利用の手続きをする際に提示します。

　療育手帳の取得基準とはまた違うので、手帳を持っているかどうかは取得に関係ありません。

●受けられるサービス

・児童発達支援事業…おもに障害のある子どもの通所施設の療育。

・放課後等デイサービス…学童対象。放課後や長期休暇中に受ける療育。

・保育所等訪問支援…保育所を利用中の障害のある子が対象。子どもが安定して過ごせているかどうか、専門家が保育所を訪問して確認・支援をする。

家族のケアとサポート

ASDのある子の家族は、特有の悩みに直面することもあるでしょう。
親御さん自身やきょうだいの心身のケアも、大事にしたい視点です。

必ずサポーターを見つけましょう

子育ての悩みやストレスはだれもが抱えるものですが、特にASDのある子はかかわりが難しく、特有の「育てにくさ」があります。また、周囲の人から理解されにくく、家族が孤立してしまいがちです。

悩みを抱え込むと、必ずどこかで無理が出ます。子育てはまだまだこれから長く続くので、まずは、親御さんが元気でいることが何より大事。自分のことはつい後回しになりがちですが、頑張りすぎてダウンしてしまわないよう、だれか1人でも信頼できるサポーターを見つけてください。

親御さんの悩みのベースには、お子さんのASDがあります。一般的な子育て相談では、なかなか悩みの本質を理解してもらえないこともあるかもしれません。自身の相談する場合も、例えば、子どもが通っている療育のスタッフなど、なるべく子どもの発達障害やASDに詳しい人、理解のある人にお願いするとよいでしょう。

また、全国で、発達障害やASDのある子どもの親の会、サポートグループが活動しています。同じ悩みをもつ親同士でつながることのできる心強い存在なので、アプローチしてみるとよいでしょう。地域の福祉課が情報をもっていたり、次のような団体のホームページでも、紹介されています。

● 社団法人 日本自閉症協会
自閉症のある人の支援を行い、社会への自閉症に関する知識の普及を図って、福祉の充実に取り組んでいます。http://www.autism.or.jp/
● 一般社団法人 日本発達障害ネットワーク（JDDネット）
全国・地方の障害者団体や親の会、学会、研究会、専門家などを含めた、幅広いネットワークです。http://jddnet.jp/

「自分の時間」も必要

疲れがたまり、気持ちに余裕がなくなると、マイナス面ばかりに目がいってしまったり、自身を責めたり……と、負のスパイラルに陥りがちです。ときには意識的に子育てから離れて、親御さんが休める時間をつくってください。

障害のある子どもの親が休息を取れるように、「レスパイト事業」というサービスもあります。自治体の福祉担当窓口に問い合わせてみてください。

自分にもASDの傾向が……?と思ったら

ASDのある子を育てる中で、人の中で気後れしてしまう、手続きが苦手など、「自分にも同じような傾向があるのでは……?」と気づく親御さんもいます。子どもの主治医に相談して、そこでサポートを受けるか、適切な医療機関を紹介してもらうとよいでしょう。

親向けのサポートプログラム

子どもへのかかわりを学んだり、親自身の気持ちを支えるためのプログラムもあります。自治体や親の会、病院などが開催していることがあるので、地域の福祉担当窓口に問い合わせてみてください。

●ペアレント・トレーニング
専門家が「行動療法」という理論をベースに、子どもの行動を理解し、どのようにかかわるとよいかをグループや個別で学べるようにプログラムします。

●ピアサポート
同じ悩みをもつ当事者同士が集まり、体験を語り合って、問題解決に向かって支援し合う取り組み。

●ペアレント・メンターによるサポート
発達障害のある子どもを育てた経験のある親が、今、悩んでいる親の相談に乗り、アドバイスを行う取り組み。

きょうだいの思い

　親御さんは、どうしても特性の強い子に割く時間が多くなってしまい、きょうだいは我慢しがちになります。「自分は大切にされていないのではないか」「不公平」と葛藤し、つらく感じている子もいるかもしれません。

　親御さん自身、心苦しく感じている方も多いのではないでしょうか。きょうだいの子も「自分は愛されている」と実感できるかかわりを意識したいですね。

大切にしたいこと

　まず、「きょうだいの子とだけかかわる時間」を確保しましょう。療育の時間などを利用して、「明日はお母さんと2人で公園に行こうね」などと計画します。「今度ね」「時間があったらね」では、いつ自分のことを見てくれるのかと、不安になります。日時を明確にして、約束は必ず守りましょう。

　また、きょうだいの子の疑問に答えられるようにしておくことも大切です。「どうしてパニックになるの?」「なんで療育に行くの?」といった質問にあやふやに答えると、「仲間外れにされた」「ないがしろにされている」と疎外感をかんじます。その子の理解に合わせてどう説明したらよいか、考えましょう。

　きょうだいは生涯にわたって、よき理解者となる存在。きょうだい同士、互いに大切に思い合えるような関係を築いていきたいですね。

きょうだい支援のプログラム

　なかなか自分の本音を語る場がないきょうだいの子が、自分の思いを受け止めてもらう場や相手は、絶対に必要です。

　NPO法人や民間の団体、親の会などで、きょうだい支援のプログラムを実施しています。インターネットなどで情報を探してみるとよいでしょう。

4章

年代別に見る
子育てのポイント

自閉症スペクトラム（ASD）のある子どもを育てていくうえで、
成長とともに、直面することがいろいろと出てきます。
年代別に、そのポイントを見ていきましょう。

「今」を大切に、ときどき「将来」も想像して

子どもの「今」と「これから」。
どんなふうにとらえて子育てをしていったらよいのでしょうか。

「今」が「将来」につながっていく

お子さんのこれからを思うと、「小学校で友達とうまくやっていけるのかしら?」「中学や高校はどうしたら……?」「仕事は?」などと、心配や悩みはつきないかもしれません。

将来を不安に思うあまりに、あれもこれも身につけられるようにしなくては……と、焦りを感じている親御さんもいるかもしれません。

急ぐ必要はありません。今、親御さんがお子さんを理解しようとしていること、お子さんと頑張って取り組んでいることは、少しずつでも確実に、将来へとつながっていくという希望をもってください。

ただ、通常は数年でできるようになることに、もっと時間がかかる場合もあります。長いスパンで成長や目標をとらえることも大事です。

「できた!」の喜びをかみしめるのは「今」しかできないこと。まずは、小さくても、その一歩を大切に積み重ねていきましょう。

「ライフプラン」をちょっとイメージ

そしてときには、「大人になったとき、どうなっていてほしいか」も、思い描いてみましょう。そうすることで「今、何をすべきか」が、より明確に見えてくることがあります。

多くの親御さんが願うのは、「自立した社会生活が送れるように」ということかもしれません。ただ、お子さんによって、そのためにどんなことが必要なのかは違います。

これには、客観的な意見がとても参考になるので、できれば親御さんだけでなく、お子さんを支えている医師や療育のスタッフ、園や学校の先生ともそのイメージを共有して、一緒に考えられるとよいですね。

長い目でお子さんの育ちを見通して「今」に立ち戻る。そんなイメージです。

それぞれの時期に「向き合うべきこと」

小学校に上がるタイミング、学習内容が複雑になってくる時期、思春期……。成長の節目のそれぞれで、向き合わなくてはならない状況や問題が出てきます。

これは、どの子であっても直面することですが、特にASDのある子の場合、より慎重なケアや検討が必要になることがあります。そのときにしっかりと対応していれば、それは必ずよりよい将来へとつながっていきます。

そこで、次のページから、「乳幼児期」「児童期」「思春期」「青年期」と、おおまかに成長の時期を分けて、想定される状況や支援についてポイントの一部を解説します。

それぞれの時期、子育てにおいて「どんなことが大切なのか」、「だれとつながって子どもを支えていけばよいのか」、お子さんのこれからを長い目で見て、また、次の成長ステージを見すえて、「今、考えておきたいこと、しておくことは何か」を確認する参考にしてください。

乳幼児期のポイント

0歳〜小学校に入る前くらいまでの時期について、
そのポイントを見てみましょう。

こんな時期です

　ほかの子とわが子を比べて、「何かが違う」「どうしてこんなに育てづらいの?」という不安や気づきが、親御さんの中に出てくる場合があります。「まだ小さいからこんなものかな」とようすを見ている親御さんもいるでしょう。

　また、健診で遅れを指摘されたり、保育所や幼稚園の保育者から集団生活になじめていないと伝えられ、ASDの可能性を考える場合もあります。

　こういった「気づき」から専門機関とつながり、これからお子さんをどうサポートしていくか、何を身につける必要があるのか、医師や療育のスタッフなどと計画的に考えていきます(「病院の受診や療育」の詳細は3章参照)。

　保育所・幼稚園選び、小学校選びが特に重要なポイントになります。お子さんが安心して力を発揮できる環境を、支援者と一緒にじっくり考えたいですね。

●相談できる人

　乳幼児期は相談窓口が充実しています。支援者を見つけて早くから協力体制をつくっておくと、これから子育てをしていくうえでとても心強いでしょう。下に挙げるサポーターがチームを組んで、一緒に成長を見守ってくれます。

●子育て支援の専門家
保健師や子育て支援センターのスタッフなど(3章P.111参照)。
●発達の専門家
医師や療育のスタッフなど。
●子どもが通う保育所・幼稚園の保育者
●親の会　　　　　など

●保育所・幼稚園選び

保育所や幼稚園、認定こども園など
それぞれに特徴があり、方針はさまざ
まです。多くの保育所や園が見学を受
け付けているので、問い合わせて実際
にようすを見学し、そこでどんな生活
を送ることになるかを想像してみまし
ょう。

公立の保育所・幼稚園では、基本的
に障害の有無にかかわらず、地域の子
どもを受け入れる一方、私立では「個
別の支援に対応する態勢が整っていな
い」といった理由で、断られる場合も
あります。

お集まりの場面ではどうするかな?

給食を食べる
ときはどんなかな?

何より大切なのは、お子さんに合ったかかわりや環境が期待できるかどうか。
初めての社会経験がお子さんにとってつらいものにならないよう、保育所や園
に正確な状況（子どもの状態や親の思いなど）を伝えて、しっかり話し合って
おきましょう。

●保育所・幼稚園での支援

最近は発達障害について理解が進み、保育所や幼稚園での支援が充実してき
ています。どのような支援が受けられるかはそれぞれ違いますが、例えば、
ASDと診断されていると、専任のスタッフがつく可能性は高く（加配制度）、
必要に応じてその子独自の保育の計画を立てるなど、個別に支援を受けること
もできます。ただ、診断がなくても、保育所や幼稚園が必要と判断すれば、同
じような対応をしてくれる所もあります。

また、1人または少ない人数で過ごすスペースがあって、そこで少人数の活
動を行うなど、療育施設で行うような指導を取り入れている園もあります。

●小学校選び〜就学相談〜

　ASDのある子は、知的な発達も含めて1人1人ようすがまったく違うので、就学先は一概に「ここがいい」とは言えません。できるだけ早めに就学先の検討を始めることをお勧めします。

　各自治体では、就学に不安を抱える家庭のために「就学相談」を行っています。障害の有無に関係なくだれでも受けられ、臨床心理士や元校長先生などが相談にあたります。自治体のホームページをチェックして、活用しましょう。就学相談の基本的な流れを紹介します。

5（月）	情報収集	保護者が各自治体の窓口（おもに教育委員会）に申し込み、初回相談日時を決める。
6	相談開始	相談員との面接や子どもの行動観察、発達検査や専門医の診察による状況把握（その後、状況を見ながら相談を継続）。
7	訪問観察	相談員らが、子どもが通っている保育所・幼稚園や療育施設を訪問し、子どもの普段のようすを見る。
8		
9	学校見学	就学先の候補が具体的になってきたら、実際に見学。希望する学級への体験入級を行う所もあるので、相談してみても。
10		
11	就学先の検討・判定	就学支援委員会（自治体によって名称はさまざま。教育・心理・医療などの専門家で構成）が、面談や行動観察、検査結果などを総合的に見て、就学先を検討する。 検討した結果を保護者に伝え、保護者の考えと異なる場合は、十分に話し合う。 最終的には保護者が就学先を決定する。
12		
1		
2		※小学校入学後も相談を継続する場合もある。

●学校・学級の種類

　ASDのある子で、小学校の通常の学級に通うお子さんも多くいますが、特別な支援が必要な子の学びの場として、ほかに次のような選択肢もあります。

●特別支援学校

　以前の盲学校・聾学校・養護学校の区別をなくして、発達障害も含むさまざまな障害に対応する学校として設置されました。知的な遅れがあり、日々の学校生活で多くの支援が必要となる子が通います。子どもの理解に合わせて個別の指導が受けられ、近隣の学校と交流や共同学習を行ったりもします。

●特別支援学級

　通常の学校の中にあり、心身に障害または発達に偏りのある子どもが対象。少人数（1クラス8人まで）に、複数の担任がついて指導します。おもに「知的障害児学級（知的な遅れがある子が通う）」と「自閉症・情緒障害児学級（知的な遅れはないけれど、集団場面での不安が大きい子が通う）」などがあり、通常の学級との交流や共同学習の機会もあります。特別支援学級に在籍しながら、一部の教科は通常の学級で受ける場合もあります。

●通級による指導（通級指導教室）

　通常の学級に在籍しながら、通常の学級から離れて通う教室で、就学相談で「通常の学級」と判定が出た子が利用します。個々の発達状況に合わせて課題に取り組んだり、小集団で社会性を学んだりします。

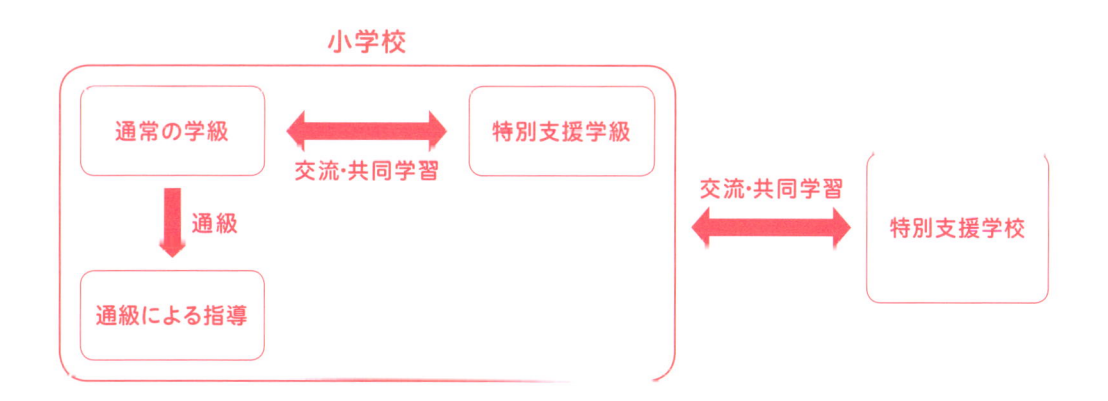

地域や学校によって、支援や指導の内容や質は異なります。また、住んでいる地域には希望する学級がないという場合も……。

　早めに就学相談につながり、どの選択肢がお子さんに合っているのか、実際に指導のようすなどを見て確かめたうえで、じっくり検討しましょう。

家庭でのかかわり

乳幼児期の家庭でのかかわりについて、ポイントの一部を紹介します。

□子どものペースで生活習慣が身につけられるように配慮と工夫を

手洗い・うがい、排せつ、着替え、食事などは、感覚のアンバランスさや不器用さなどによってうまくいかないことも。どこでつまずいているかを探って、不安を取り除いたり、手順が目で見てわかる工夫をしたりして、焦らず応援しましょう。

□積極的に「お手伝い」を取り入れる

生活の中で「自分の役割」をもち、感謝されたりほめられたりする体験は、自信につながります。簡単な内容でいいので、子どもに任せられることを見つけましょう。

□日常で「ほめる」ことを意識する

どんな子もほめられて伸びるものですが、ASDのある子は、しかられること、「できない」と思ってしまうことが多くなるので、特に「ほめる」ことを意識したいですね。できたこと、得意なことをたくさんほめられることが、自信や「自分を好き」という気持ちにつながります。それはとても大事なことです。

□「一緒にあそんで楽しいね」と感じられる時間をつくる

人に関心が向きにくく、気持ちを合わせたり、うれしさを共感したりすることが苦手な子もいます。こういった人とのかかわりが、言葉の育ちにもつながっていくので、まずはゆっくりと楽しい時間を共有することを大切にしてください。その子の好きなものやあそびを見つけて笑ったり、「楽しいね」と伝えたり、苦痛ではないかかわり方で楽しみましょう。

児童期のポイント

小学校入学後〜中学校入学前くらいまでの時期について、
そのポイントを見てみましょう。

こんな時期です

小学校では、自分でやらないといけないことが増えて、さらに学習も始まります。友達とのかかわりも複雑になってきて、子どもが「できない」ことを意識したり、やりにくさを感じたりする場面が増えてくることも……。

また、これまでは保育所や幼稚園への送迎で、よく担任の保育者と顔を合わせていたのが、小学校ではあまり担任に会えなくてようすが把握できず、不安と感じる親御さんも多いようです。

深刻な劣等感や生きづらさが積み重なると、二次障害（1章 P.51〜参照）につながる心配があります。親御さんもお子さんも、悩みが大きくなる前に相談できる人がいるか、また、お子さんが大きな混乱ややりづらさを感じることなく、自分らしく過ごせる環境になっているかどうかがポイントになります。

●相談できる人

これまでの支援者とのつながりも大切にしつつ、小学校で相談できる人も見つけておきましょう。

●クラスの担任の先生・校長・副校長・教頭・養護の先生・保健室の先生
学校の中でキーパーソンを見つけましょう。

●医師や療育のスタッフ

●子どもが通っていた保育所・幼稚園・認定こども園の保育者
就学後もお子さんのようすを気にかけています。小学校の先生の考えを尊重して、表立ったサポートは難しいかもしれませんが、これまでのお子さんのことをよく理解している立場から、親身に相談に乗ってくれるでしょう。

●親の会　　　　　　　など

特別支援教育（P.141参照）が導入され、小・中学校での相談や支援の体制も充実してきています。お子さんの通う学校ではどんな人・組織が相談に乗ってくれるのか、確認をしておきましょう。

●特別支援教育コーディネーター
　教職員の中から選ばれ、特別な配慮を必要とする子どもの支援において、中心的な役割を担っています。保護者からの相談にも対応して、必要に応じてさまざまな機関とも連絡を取りながら、支援の調整を行います。

●特別支援教育支援員
　学習や活動において支援が必要な子のサポートをします。支援内容は地域や学校によってさまざま。現状としては、子どもと1対1で支援員がつくことは少なく、複数の子どもを1人の支援員が見る場合が多いようです。

●スクールカウンセラー
　多くは臨床心理士の資格をもつ心理の専門家。支援の中心はいじめや不登校ですが、発達障害や子育て、保護者の悩み相談にも応じてもらえます。

●校内委員会
　特別な配慮が必要な子どもたちのためにつくられた支援チーム。特別支援教育コーディネーターを中心に、校長、副校長、教頭、養護教諭、スクールカウンセラーなどから構成されています。

　学外の相談窓口としては、教育委員会が行っている「教育相談」があります。医師や臨床心理士、教職経験者などが学校生活や勉強、発達に関する相談に対応していて、発達検査や知能検査を行うことも。学校からコンタクトをとってもらうと、相談スタッフが学校まで来てくれる場合もあります。

●「特別支援教育」って何?

すべての学校において、障害のある子や特別な配慮が必要な子の支援をさらに充実させていくための取り組み。支援の必要な子どもたち1人1人に合った環境や学習スタイルが提供できる体制を目指しています。

2007年度から本格的に実施され、「特別支援学校」が設置されました。また、小・中学校でも、「特別支援学級」「通級による指導」といった体制を用意。通常の学級に在籍する子にも、個別に指導計画を作るなど、さまざまなサポートを行っています（「特別支援学校・特別支援学級」などの詳細はP.137）。

どの子も必要なサポートを受けられるよう、選択肢が広がったといえます。お子さんに合った学習環境をじっくり検討しましょう。

●就学後の「転級」「転学」もOK

就学後も、学習の場は子どものようすを見て変更することができます。

例えば、1、2年は特別支援学級で学び、小集団で学習に集中できるようになってから、通常の学級に転級ということもあります。また逆に、通常の学級に入学したけれど、やはり特別支援学級のほうが安心して過ごせるという判断になれば、変更することも可能です。

無理や我慢をせず、まずはお子さんが安心して楽しく過ごせることを優先しましょう。

特別支援学級のほうが
自分に合ったペースで学習できるかな?

●新しく始まる「学習」

　小学校に入ってからの大きな変化の1つが、「学習」。ASDのある子の場合、学習内容自体を理解するのに苦労する子もいますが、学習するために必要な動きが困難、という子も出てきます。

　例えば、授業を受けるためには席に座っている必要があります。先生の話を理解して同時にメモも取らなくてはならず、グループ活動も増えてきます。

　ASDのある子は言葉の遅れやコミュニケーションの苦手さから、先生の話が理解できなかったり、話し合いに参加できなかったりすることがあります。同時に複数のことをするのも苦手で、感覚の過敏さから、授業に集中できない、そこにいることが苦痛ということも。LD（学習障害）をあわせもつ場合（1章 P.49参照）は、授業についていけなくなってしまう子もいます。

　「10歳の壁」と言われるように、急に学習内容が難しくなる10歳ごろが1つの山場。そこを乗り切ると、少し自信がもてたという声もよく聞かれます。

　一斉授業だけでなく、個別に指示をしてもらったり、特に苦手な分野は先生と1対1で学ぶ学習環境が必要かどうか、担任の先生やかかっている医師や療育スタッフと相談して、検討したいところです。

●友達とのかかわりでの困難

　集団行動が多くなり、友達とのやり取りも複雑になってきて、人と対話する力や社会性がより必要になってきます。

　人とのかかわりやコミュニケーションが苦手な子どもたちなので、友達との会話がかみ合わなかったり、うまく集団の中に入っていけなかったり……。1人でいることが好きな子は、ストレスを強く感じる場合もあり、また、誤解されがちな言動から、からかいやいじめなどのトラブルが起きることもあります。

　お子さんが悩んでいるようすが見られたら、P.139、140で紹介した相談先に相談をしてみるなど、できるだけ早めのケアが必要です。

●「休けい時間」に戸惑うことも

授業中はやるべきことが決まっていますが、休み時間になると何をしたらよいかわからず、不安になる子が多いようです。家庭であらかじめ、休けい時間に何をしたらよいか、決めておくとよいでしょう。また、担任の先生に具体的にやることを声かけしてもらうように相談してみるのもよいでしょう。

家庭でのかかわり

児童期の家庭でのかかわりについて、ポイントの一部を紹介します。

□学習面の家庭でのフォロー

宿題は一定の時間に行うことを習慣にします。量が多くて負担であれば、先生に相談してみましょう。家庭では得意教科を中心にして、楽しい学習時間になるように。苦手教科は、個別や少人数対応の塾を検討してもよいですね。

□友達とトラブルになったときのフォロー

学校でのトラブルは担任の先生に事実関係を確認し、相手への対応を相談しましょう。学校外でのトラブルは、まず本人に事実関係を確認。謝罪を兼ねて相手の保護者に会い、状況を教えてもらいます。そのうえで本人に具体的な対応方法を伝え、相手の保護者にも家庭で指導することを約束しましょう。

□地域の人とつながる

近所の人や交番のおまわりさんなど、地域の人とつながりましょう。顔見知りが増えることは大きな支えになり、子どもにとって大切なコミュニティになります。

□習い事も検討

世界を広げるのに、習い事も検討を。音楽や絵など自分のペースでできるものがよいでしょう。特訓や無理強いではなく、子どもが楽しめるものを見つけてください。

□困ったとき、大人がこたえてくれたという経験を積む

「困ったときは助けを求める」という意識を育てていきたいものです。そのために、「大人に話したら状況がよくなった」という体験を積めるように意識しましょう。

思春期のポイント

中学校入学後〜 18歳くらいまでの時期について、
そのポイントを見てみましょう。

こんな時期です

　中学校では、また学習環境がガラッと変わります。大きな変化は「単科授業」になるということ。教科ごとに先生や教室が変わり、持ち物の管理も複雑になって本人に任されるため混乱し、プレッシャーを感じる子もいます。

　また、自分で判断できることが増えてくるので、子どもが自分で決めたり、挑戦したりできる場面を徐々に意図的につくっていくことも必要になってきます。

　これまでの育ちの中で、なかなか理解されずにつらい思いをし、学習や友達関係において失敗や挫折を積み重ねてきたことで、二次障害が現れる子も。子どもからのSOSをしっかりと受け止めて、向き合うことが大切です。

　そしてそろそろ、将来どんな社会生活を送りたいか、進学するかなど、支援者も含めて親子でよく話し合い、将来の具体的なイメージをもちたい時期です。

●相談できる人

　思春期は悩みが複雑になり、親子ともにパワーのいる時期。孤立しないことが大切です。

●クラスの担任の先生

　特別支援教育コーディネーターやスクールカウンセラーに相談しても（P.140参照）。

●教育委員会・教育相談（P.140参照）

●医師や療育のスタッフ

　小学生までが対象となる療育施設もあります。療育修了後は、これまでのような密なサポートは望めないかもしれませんが、これまでの状況をよく知る立場から、親身に相談に乗ってくれるでしょう。

●親の会　　　　　　など

●中学・高校への進学

小学校は親御さんが決めても、中学校以降の進路は本人の思いを尊重して、一緒に考えていくことが大切です。お子さんのことをよく理解している医師や療育スタッフ、学校の担任の先生などにも相談してみましょう。

●中学校への進学

小学校と同様に、通常の学級のほかに、特別な配慮が必要な子どものための学習環境が用意されています（P.137参照）。同じ学区内であれば、小学校での支援内容を中学校に引き継ぐことができます。進学を機に転級・転校することも考えられます。小学校はどうだったか、これからどうしたいかなど、本人の気持ちを確認してよく話し合ってください。入学当初は気持ちが張っていて、本当はつらいのに無理して頑張ってしまう子もいるので、お子さんのようすを注意深く見守っていてください。

●高校への進学

これまでの学校と違ってさまざまな形態があり、選択肢が広がります。自分に合った環境を見つけやすいので、高校は楽しく過ごせる場合が多いようです。

平日の日中に授業を受ける全日制？

夜間など決められた時間帯に通う定時制？

必要な単位を修得すれば卒業できる単位制？

自宅学習が基本の通信制？

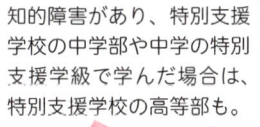

特別支援学校 高等部

知的障害があり、特別支援学校の中学部や中学の特別支援学級で学んだ場合は、特別支援学校の高等部も。

商業・工業・農業に特化した高等専門学校や高等専修学校だと、就労に直結した知識や技術が学べる！

●二次障害から子どもを守る

　思春期前後に、うつや不登校などの二次障害が現れることがあります（1章P.51〜参照）。このハードルをどのように越えて、次の社会生活のステージにつなげていくか――ここでちゃんと向き合っておくと、後がスムーズです。逆に、こじれてしまうと、その後に大きく影響してきます。

　親御さんだけで抱え込まず、医師や学校の先生、子どものうつや不登校を専門とする心療内科や電話相談、保健所での児童発達相談などに連絡して、適切なかかわり方や対策について相談してみましょう。

　特に引き金になりやすいのが「いじめ」。つらくても親や先生に言わない子が多いので、できるだけ早い親御さんの対応が必要です。

家庭でのかかわり

思春期の家庭でのかかわりについて、ポイントの一部を紹介します。

□ どんなときも味方で
　つらいことがあっても、「親は必ず味方」と思えることが心の支えになります。特に、周囲の理解不足で傷つく体験をしてきた子には、絶対的に信頼してくれる人が必要。「理解者がいるから大丈夫」という安心感は、人を信頼する気持ちをはぐくみます。

□ 子どもが自分の得意なことや好きなことを理解できるようにする
　進学や就職を考える際、「得意なことや好きなこと」「苦手なことやそれをフォローする方法」といった理解が大事。支援者の意見も聞き、親子で話してみましょう。

□ 家事や買い物など、自立に向けてできることを増やしていく
　洗濯や料理など、将来の自立した生活に向けてやり方を知り、自分で行えるように練習を。また、買い物などを通して、金銭管理も学んでおく必要があります。

□ 性についてオープンに話ができるように
　学校での性教育などをきっかけに、性への興味や体の反応などについて親子でオープンに話せる関係を。誤解を生じやすいため、適切なフィルター（親）が必要です。

青年期のポイント

18歳以降の時期について、そのポイントを見てみましょう。

こんな時期です

大学や専門学校などに進学するか、就職するかを検討する時期。このころには、お子さんがある程度、自分で自分のことを管理し判断する、あるいは、自分のことをよく理解してくれるサポーターを見つけておく、家以外にも自分の居場所を確保するなど、自立に向けた生活の仕方を意識したいところです。

また、「これから何に取り組みたいか」「今後、どんな社会生活を目指すのか」といった目標を立て、それを「仕事」につなげていけるとよいでしょう。

職場では、周りの人とうまくやっていくこと、マナーやエチケットを守ることなど、これまで以上にコミュニケーション力や社会的なスキルが必要になってきます。どんなに仕事に関係する知識や技術をもっていても、人と一緒に働くことができなければ、続かなくなってしまいます。また、身近に相談できる家族や友人がいなければ、孤立してしまうこともあります。

自分に向いている仕事は何かをよく考え、親御さん以外に親身に相談に乗ってくれるサポーターを見つけておくことがポイントです。

●相談できる人

育児や発達の専門家や相談窓口などは、18歳までが対象になっていることが多いので、大人を対象とした相談先を新たに見つけましょう。これからは親御さんと一緒ではなく、お子さんが1人で相談に行くことが多くなります。

また、大学は小・中学校・高校とは別物であり、多くは特別支援教育の体制にはなっていません。しかし、発達障害のある大学生の存在が広く知られるようになってきたため、今後、支援の取り組みが進んでいくと期待されます。

医療の専門家

●医師やカウンセラー

カウンセラーは、大学では「保健管理センター」や「学生相談室」に配置されていることも。

大学での相談窓口

●大学の障害学生支援室、学習支援センター、キャリアセンター

発達障害に特化した相談窓口ではないですが、少しずつ理解のあるスタッフも増えてきています。生活・学習・就職などについて相談に応じてくれます。

地域の相談窓口

●発達障害者支援センター

発達障害のある人の支援を行うことを目的とした専門機関で、各都道府県に必ず設置されています。相談は基本的に無料。

●専門学校、NPO法人、若者サポートステーション　など

自助グループや社会に出るためのスキルトレーニングに取り組んでいる所も。

就職に関する地域の相談窓口

●地域障害者職業センター

障害のある人の就職相談や、職場と発達障害のある人とをつないで双方を支援する「ジョブコーチ」など、就職に必要なサポートを行います。

●ハローワーク

障害者手帳を持っている場合、障害者枠での就職を紹介してくれる専用窓口で対応してくれます。

●異性とのかかわりについて

　実際に異性とのお付き合いが始まることも多いでしょうから、そのことを気軽に相談できる親子関係ができているとよいですね。

　異性と付き合うときは、場の雰囲気を読むのが苦手など、まず自分の傾向を正直に相手に伝えることが大切だと伝えましょう。そのうえで「自分の言動が間違っていたら、指摘してほしい」「これは嫌など、遠慮せずに伝えてほしい」といったコミュニケーションを相手にお願いしては？と提案します。

　こういったやり取りが成立すると、異性との付き合いがうまくいくばかりでなく、その異性がよきサポーターになってくれることも望めます。

家庭でのかかわり

青年期の家庭でのかかわりについて、ポイントの一部を紹介します。

□**親は一歩引いたサポーターに**
　いよいよ社会に出ていく時期。お子さんが「自分で生活を進めている」実感がもてるよう、一歩引いて支えることを意識したいですね。これからは、相談や病院にお子さんが1人で行く機会も増えるでしょう。お子さんが生活の主体者となっていけるよう導き、見守ってください。

□**トラブルに巻き込まれていないか、ようすを確認**
　1人暮らしの場合、生活が回らなくなったり、外に出られなくなったりする心配があります。金銭面や人間関係で深刻なトラブルが起こることもあるので、時々ようすの確認を。無料でテレビ電話ができるソフトウェアも活用するとよいでしょう。

□**進学先・就労先とつながっておく**
　進学先や就労先とつながり、お子さんが判断できないことは、親御さんの判断を伝えたり、進学先や就労先と主治医などをつなげる役割が必要になることもあります。

□**「大人同士の関係」へ**
　親の役割は、同じ社会人としての相談相手、心配しながらも温かく見守る存在へと変化します。親御さんが、親としてではなく、自身の人生をどう生きるかを考えることも大切。そういう姿を見せることも、お子さんの自立への一歩につながります。

わたしたち親子のあゆみ

ASDのあるお子さんを育ててきたお母さん2人へのインタビューです。
お子さんのこと、子育てのこと、お母さん自身の思いなどについて語ってもらいました。
※文中の個人名や内容は、プライバシーに配慮して変更を加えてあります。

interview 1

まさひろくんのプロフィール
現在中学1年生で、公立中学校の通級を週2日2時間ずつ利用しながら、通常の学級で学んでいる男の子。カードゲームが大好きで、将来はそのゲームを作る会社で働きたいという夢をもっています。コミュニケーションや場面の切り替えの苦手さ、落ち着きのなさ、テンションのコントロールの難しさなどがあり、医師からはASDとADHDの両方の傾向があると言われています。

1歳半健診をきっかけに

　まさひろは1歳半になっても言葉が出ていなくて、気になっていました。1歳半健診ではそのことを指摘されるだろうと思いながら会場に行ったのですが、ほかの子はみんなお母さんのひざの上に座っているのに、まさひろだけあっちこっち動き回っていて……。1人目だったこともあって、1歳ならこんなものかと思っていたので、「え？　みんなおひざに座っていられるの……?!」とカルチャーショックを受けてしまいました。

　保健師さんからも、「言葉の遅れもあるけど、この落ち着きのなさも気になるから、半年ごとに保健センターにあそびに来ませんか？」と誘われて。そこで定期的に息子のようすを見ていただくことになりました。

　下の子の出産を機に、まさひろは2歳で保育園に入園しました。市のフォローを受けていると伝えていたので、加配（P.135参照）の先生がつくなど、手厚い支援を受けられてありがたかったのですが、「やっぱり、この子はフォローの必要な子なんだ」という現実を突きつけられたようにも感じたものです。

「どうしてうちの子は……」という思い

まさひろが3歳になるころ、保健センターから病院につないでもらって受診しました。お医者さんには、「ASDとADHD両方の傾向があるけど、どの特性がいちばん強いかはまだわからないので、病院で行っている療育でようすを見ていきましょう」と言われました。

このころのわたしは、インターネットでいろいろ調べて落ち込んだり、あちこち相談に行ったり……。煮詰まっている姿を保育園の先生が心配して、カウンセラーにつないでくれたりもしました。

加配の先生がついているとはいっても、友達にけがをさせてしまうトラブルもたびたびあって、「息子はどうしてこうなんだろう？」と、1人もんもんと不安を抱え込んでいたのです。今思うと、いちばんつらい時期だったかもしれません。

なので、お医者さんに、「まさひろくんには、こういう傾向がある」と言われたことで、少し気持ちが楽になったのを覚えています。

そして、何よりありがたかったのが、まさひろが年中クラスのときに加配についてくれた先生が、じっくり話を聞いてくださったこと。この先生との出会いは、わたしたち親子にとって、運命的なものでした。

加配の先生の熱意に救われて

卒園まで見てくださったその加配の先生は、発達障害について専門的に学ばれていたので、息子が何に困っているかをよく理解して、対策を考えてくださいました。

言葉で説明してもなかなか理解できないまさひろに、着替えの方法を写真で見せてくれたり、1日の予定を朝、わかりやすく伝えてくれたり。保育園自体が、こういった子どもたちの対応にまだ慣れていなかったので、この加配の先生が来てくれたことで、保育園全体の支援が進んでいきました。

もちろんいろいろありましたが、おかげさまで、大きなトラブルが起こることはなく、無事、卒園まで保育園に通うことができたのです。

就学相談では「通常の学級でOK」と判定され、小学校に入学しましたが、なんと、就学後しばらくの間、その加配の先生が自分の休みを使って、小学校の授業に週何回か付き添ってくれて……。それを知った保育園の園長先生が、仕事として付き添えるように配慮してくださり、担任の先生や養護の先生も理解を示してくれて、支援がつながっていきました。先生の熱意で、保育園も小学校も動いてくれて、本当にありがたかったです。

その後、息子のフォローについてくれた支援員さんと相性が合わなくて、不安定になった時期もありましたが、そんなときも相談に乗ってもらってきました。今でも、その先生とはお付き合いが続いています。この出会いがなければ、わたしたち親子はどうなっていたことか……。感謝の思いでいっぱいです。

「仲間づくり」事件

　そんなこんなで小学校生活をスタートさせたまさひろですが、1年生のときに印象的な出来事がありました。

　それは「仲間づくり」をテーマにした算数の授業でのこと。先生が「野菜の仲間はこっち、お魚の仲間はこっちに分けてみましょう」と言うと、まさひろは、「仲間というのは、人に言われてつくるものじゃない！　自分の意思で決めるものなんだ！」と激怒し、保健室への避難が必要なほどのパニックを起こしてしまったのです。なぜそこでパニックに……と、先生はびっくり。でも、そこにはまさひろなりの思いがありました。

　保育園のとき、息子は「おれがあそぼうって言うんだからあそぼう！」と、よく年下の子を強引に誘っていて、そのたびに、「まさひろくんとあそぶかどうかは、お友達が決めることなんだよ」と先生に何度も言われていたのです。息子はそのことをよく覚えていて、思わず反応してしまったのでしょう。こういう経緯を知っているわたしなら、「そういうことか」と理解できますが、やはり、周りの人はびっくりしてしまいますよね。

まさひろの苦手なこと

　この「仲間づくり事件」が象徴するように、息子は自分の思っているのと違うことが起きたとき、そこに気持ちを合わせたり、感情をコントロールしたりすることが苦手です。

　また、嫌なとき、それをうまく相手に伝えられません。本当の気持ちと違うことを言ったり、八つ当たりをしたり……。興奮してくると、暴言を吐いてしまうこともあります。

　こういった困難を抱えているので、友達から「ひどいことを言う子」と誤解されてトラブルになったり、先生を怒らせてしまうこともあります。

　家族や療育の先生は、怒りモードの息子に反応すると、よけいにエスカレートしてしまうとわかっているので、息子が理不尽な文句を言い始めたときは聞き流して待つようにしているのですが、学校では、そんな息子の言動が許せない先生も……。

「そんなこと言っちゃダメでしょ」と指導されたり、触られるのが苦手な息子の肩をがっちりつかまれたりして、ますます怒り爆発！となってしまったこともありました。

最近は、興奮が静まった後に「さっきはごめんね」と言えるようになってきましたが、気持ちの折り合わせ方については、これからも伝えていく必要があると思っています。

また、こういったまさひろの苦手な部分と向き合っていくうえでは、医療とのつながりに大きく支えられました。小学校からは、テンションがコントロールできないときに飲む薬を処方されて、だいぶ落ち着いてきましたし、療育の先生が小学校の先生とつながって、まさひろの理解を深めてくださいました。小学校を卒業するときには、お医者さんや療育の先生が、まさひろは「少数派の脳をもっていること」を、診断名抜きにわかりやすく説明してくれて、自己理解につながりました。こうして医療の先生がたがまさひろの成長を一緒に見守ってきてくださったことは、本当に心強かったです。

中学校生活の試行錯誤

中学校は通級のある所を選び、これまで小学校で一緒だった友達がまったくいない学校に入学。親としては、新しい環境での学校生活はまさひろにとってきっとハードなので、通級の利用を希望していましたし、就学相談でも「通級を利用しながら通常の学級」と判定されたのですが、中学校側は「通常の学級の指導だけでＯＫでしょう」という考えで、結局通常の学級の指導のみでようすを見ることになりました。

しかし、中学になると途端に授業のスピードが速くなり、教科ごとに教室も移動しなくてはならず、あっという間に過ぎ去っていく毎日。まさひろは疲労困ぱいしていました。

学校側もパニックを起こす息子の姿にびっくりして、「どうしたらいいんですか？」という状況で……。これまで保育園や小学校で手厚い支援を受けてきたので、中学校の先生に息子のことやこちらの思いが「伝わらない」状況に戸惑い、悩む日々が続きました。

まさひろも相当追い込まれていたのでしょう。1学期の終わりのころには、学校でひんぱんにパニックを起こすようになってしまいました。学校からは、「1時間は面倒見られるけど、それ以降は無理なので1人で帰します」と言われて……。そんな興奮状態の息子を1人で帰らせるなんて危険すぎるので、「それなら仕事を抜けてわたしが迎えに行きます」と伝えると、なんと3日連続で呼び出し。さすがにこれはきつい……、やっぱり通常の学級は無理だったのだろうかと、転校も覚悟せざるを得ない状況に追い込まれていました。

クラスメートの理解が転機に

そのころには、クラスの保護者から学校に「まさひろくんってどういう子なんですか?」という問い合わせがくるようになっていました。授業に出られず、運動会の練習にも参加できない息子に対して、クラス全体が「どうして?」「さぼってるの?」という雰囲気に……。息子自身もそんな視線を感じて、「学校に行きたくない」と言うようになりました。

そこで、これは息子のことを説明するタイミングなのだろうと、担任の先生の許可をもらい、夫婦でクラスメートにお話をさせてもらうことになったのです。

特に障害名は出さずに、「世の中には、多数派と少数派とがある。まさひろは少数派の考え方をするので、みんなが大丈夫だと思うことが不安だったり、気になったりしてしまう」「何をしても許して、助けてと言っているわけではなくて、授業に出られなかったり、パニックになったりしているときは、困っているんだと知ってほしい」と伝え、みんな本当に熱心にわたしたちの話を聞いてくれました。

その後、まさひろに「学校どう?」と聞くと、「みんな優しくなったよ」と。学校の先生たちもだいぶまさひろの傾向がわかってきて、通級も利用させてもらえることになり、中学1年生の3学期を迎えた今、ようやく学校生活がうまく回り始めたと実感しています。

初めての友達

最近は気の合う友達ができて、まさひろは楽しそうです。小学校までは、周りの子は息子がこういう子だということをよく理解してくれていましたが、どこか、「特別扱いされている子」と一線引かれている感じがありました。

でも、そんな小学校時代を知る子がいない中学校に入り、初めて「普通の子」として対等に見てもらえる環境になりました。まさひろにとって、初めてできた友達なんです。

ただ、やっぱり人付き合いの仕方がわからなくて、トラブルになることはあります。よく相手の言いなりになってしまうので、「言いたいことは言っていいんだよ」「主従関係があるうちは、お友達関係じゃないんだよ」と、友達とのかかわり方を知らせてきました。

今は、友達と一緒に遠出したり、好きなカードゲームであそんだり……。少しずつ、こうやって人間関係を学んで、まさひろの世界を広げていってくれたらと、ときにひやひやしながらも、この状況をうれしい気持ちで見守っています。

> **みのりさんのプロフィール**
> 現在、公立の工業高校に通う1年生の女の子。
> 中学生のときから始めたあるスポーツでは、
> 全国大会に出場するほどの実力をもち、活躍
> しています。
> コミュニケーションをとるのが苦手で、友達
> 関係でトラブルが起きることがあり、医師か
> らはアスペルガー症候群の傾向があると言わ
> れています。

保育園に入って、集団生活の困難に直面

みのりは、赤ちゃんのころは癇（かん）の強い子でした。言葉を発し始めてからは、なんとなくコミュニケーションにズレを感じることもありましたが、まだ小さいからきっとこんなもんなんだろうというくらいでいました。

でも、保育園に入って、友達とのけんかが絶えなくて……。通い始めてほどなく、「やられると、すごくやり返す子」というイメージがついてしまっていました。

「あれ？　ほかの子とちょっと違う？」とはっきり感じたのは、保育園の参観日。みんなで鬼ごっこをしていたのですが、みのりだけルールが理解できず、鬼からタッチされてもただ逃げ回っていたんです。給食の時間になっても、1人で外であそんでいて……。

このことをきっかけに市のこども課に相談すると、市内で子どもの発達支援を専門的に行っている別の保育園のM先生を紹介されました。早速M先生に相談すると、友達とのトラブルの多さが気になるからと、療育センターを紹介してもらうことに。保育園も、M先生がいる所に転園しました。

それからもトラブルは多かったのですが、先生がうまく友達との仲をとりもってくれていました。娘にも、「みのりちゃんは、こういう気持ちだったから、こうしちゃったんだよね。でも、そういうときはたたくんじゃなくて、言葉で言ってみようよ」と、根気強く伝えてくれて。保育園の中で発達の気になる子たちが少人数のグループで過ごす時間もあり、そこで友達とのかかわりやコミュニケーションも学んでいきました。

M先生は、みのりが高校生になった今でも、いちばんのわたしたちの理解者であり、相談相手になってくださっています。

小学校の都合に振り回されて……

　小学校入学の際、わたしたち親は、無理して通常の学級に通う必要はないと思っていたので、特別支援学級を希望していました。

　でも、小学校としては、みのりが特別支援学級に入ると、人数の都合上、通常の学級が3クラス構成できなくなってしまい、2クラスになってしまう。2クラスだと1クラスあたりの子どもの数が多くなってしまうので、みのりには通常の学級に入ってほしいと……。

　3クラスになれば、通常の学級でも1クラス20人くらいなので、みのりちゃんもやっていけるでしょう。就学相談でも、「通常の学級」と判定されて、そんなにひどくないみたいだし……という雰囲気になり、学校がそう言うのであればお任せしましょう、と通常の学級に入ることになりました。

　でも、入学時にふたを開けてみれば、それまでに人数の変動があったらしく、結局通常の学級は2クラスに……。35人の大きなクラスで、みのりの小学校生活がスタートすることになってしまいました。

学校に味方がいない……

　小学校には、保育園のときに一緒だった子どもたちがクラスメートにたくさんいて、みのりには「乱暴な子」といったイメージが最初からついてしまっていました。そんな中で、やはり友達関係はうまくいかず、みのりは「もう、学校に行きたくない……」と。

　「やっぱり特別支援学級に」と学校にお願いしても、「2年生になれば3クラスになるから1年我慢して」と言われ、とりあえずは、通級を利用することになりました。

　でも、みのりの担任は「ぼくに任せてくれれば大丈夫！　通級なんて使う必要ない」という方で、みのりがお願いしても、通級を利用させてもらえず……。かといって、みのりを理解してフォローしてくれるわけでもなく、パニックになると「迎えに来てください」と毎日のように連絡が来るようになりました。

　プリントを配るときにみのりだけ飛ばされるような嫌がらせを受けるようになっても、先生は「子どものいたずらだから……」と。クラスに相談できる友達も先生もおらず、みのりはどんどん孤立していきました。

特有のコミュニケーションのズレやマイナス思考

みのりは、前に人からされたことを事細かに覚えていて、そのことをずっと引きずる傾向があります。でも、どんなにひどいことをされても、「ごめんね」と言われれば、自分の中でそれを終わらせることができます。

ただ、嫌なことがあったときにすぐに言わなかったり、みんなが忘れたころに不意に思い出して言ったりするので、「今さら言っても……」という扱いをされることが多くて……。嫌な思いを、ずっと引きずっている状態になりがちです。

さらに、物事をマイナスにとらえやすくて、相手が偶然ぶつかってしまった場合でも、「わざとだ!」と感じ、そのことを根にもってしまうことも。このように、本人自身が誤解してとらえている部分もあり、そこが難しいところでもあります。3年生のとき、診断とまではいきませんが、お医者さんから「アスペルガー症候群の傾向がある」と言われました。

学年が上がるにつれ、先生の目が届かないところで、週末前の金曜日に嫌がらせをするなど、周りの子も知恵がついてきて、みのりはみのりで、そうではないことまでマイナスにとらえていく……。なかなか状況はよくならず、クラスにはほとんどいられなくなって、通級で2時間過ごして帰ってくるという日々を繰り返すようになりました。

家に帰ってくると、その日にあったことを細かくわたしに話すのですが、いい話は1つもなくて……。ただ聞いてあげることしかできず、切なかったです。

今でも忘れられないつらい出来事

3年生になると、担任の先生が熱心な男の先生で、みのりの話をよく聞いてくれたので、みのりも、「その先生がいるから」と教室に行くようになりました。

そんなある日のこと。みのりが教室に行って自分の机を開けたら、そこにみのりのひどい悪口が書かれた紙がありました。すぐに先生が家に来て説明し、謝罪をしてくれたのですが、結局だれがやったかはわからず、みのりも先生に謝られたところで納得できません。

とても傷ついたみのりは、どうにかこの気持ちをわかってほしいと思ったのでしょう。同じような物を作り、自作自演をしてしまったのです。そのことで、先生やクラスメートから、前向みのりが受けた嫌がらせも、自分でやったんだろうと疑われてしまいました。

わたしも、なんとか学校や友達にわかってもらいたくて先生方と話をしたのですが、話し合っているうちに先生やほかの保護者の方から「クレーマー」「モンスターペアレント」などと言われるようになってしまいました。それでも、「なんと言われても味方になって

あげられるのは親だけですよ」とM先生から言われ、戦い続けましたが、わかってもらうことはできませんでした。

　みのりは、最初に自分がひどい嫌がらせを受けたことでも傷ついていましたが、さらに自分がやったことで、一瞬にして、周りやこれまで味方だった人が自分を信頼してくれなくなるんだということにショックを受けていました。このことは今でも鮮明に覚えていて、よく、「あのときは本当につらかった。嫌だったんだよ」と言います。

　そして、もう、クラスメートとも先生ともかかわりたくない、教室に行くのが怖い。また机を開けてあの紙があったらどうしよう……と、学校に対して負のイメージしかもてなくなってしまいました。

3か月間の林間学校体験

　このショッキングな出来事の後、周囲はみのりに対して「被害妄想のある子」「うそつき」などといった見方をするようになり、みのり自身、もう学校に行くこと自体が厳しくなってしまいました。

　これまで、保育園からお世話になっているM先生や、お医者さん、療育の先生がみのりのことを心配して、何度も学校と話そうとしてくださったのですが、学校は「必要があればこちらから連絡します」という姿勢で、なかなか話を聞いてくれず……。今回ばかりは、お医者さんが強制的に学校の先生を病院に招いて会議を開いてくださいましたが、それでもあまり状況は変わりませんでした。

　わたしたち親も、学校の対応について不信感も出てきて、もうここまで来たら、無理して学校に行く必要はない、という心境になっていました。

　この地域では、市の学校に通う5年生全員のうち、希望者が林間学校で3か月間寮生活をしながら通常の授業を受けるというプログラムがあります。わたしは「これだ！　これで何かが変われば！」という思いで、みのりに参加を勧めました。「親に会えない寮生活なんて絶対無理！」と、本人も周囲も言いましたが、「いや、行っておいで」と。今考えるとよく思い切ったなと思いますが、それほどわたしも追い込まれていたのだと思います。

　きっと、途中で帰ってくるよとみんな言っていましたが、なんと、みのりは3か月間、そこでの生活をやり通すことができたのです！　同じ部屋だった女の子が、みのりと同じような傾向のある子で、とても気が合い、2人で頑張ってやってきたのだそうです。

　どん底にいた状態から、少し希望が見えた思いでした。思い返すと、この体験がターニングポイントだったかもしれません。

チャレンジ精神が出てきた中学校時代

　学校に対する恐怖心でなかなか小学校に通えなかったみのりに、中学進学は新しい節目でよいきっかけだからと、今まで見守ってきてくださったM先生が話をしてくださいました。「みのりちゃん、いろいろあるかもしれないけど、もう一度頑張ってみない？　先生、いつでも相談に乗るから」という言葉に、みのりも「うん、行ってみる」と。こうして、中学は特別支援学級に入学し、これまで同じ小学校だった子たちが通う通常の学級とは別の校舎だったこともあって、以前より落ち着いて学校に通えるようになりました。

　そして、ふとしたことからあるスポーツに出会って……。どんどん上達して新聞に載ったり、全国大会に出場するまでになりました。このころから、みのりは変わってきました。きっと、初めて目標が見つけられて、世界観が変わったのだと思います。

「修学旅行に行きたい」

　中学3年生になり、みのりは自分から「修学旅行に行きたい!」と言いました。このころ、パニック障害も出ていたし、足もけがをしていて、内心は心配だったのですが……。

　実は、みのりは小学校6年生のときの臨海学校に参加したかったのですが、学校側に無理と言われて参加できず、悔しい思いをしたのです。なので、「わたしも中学3年生になって少しは成長したし、何より後悔したくない。今回は参加したい」というみのりの強い思いを、なんとかかなえてあげたいと思いました。

　そのころ市の子ども課に異動されていたM先生に相談すると、「それはぜひ行かせてあげたい!」と。中学のクラス担任と学年主任、M先生とわたしとで、「みのりの修学旅行支援会議」を開くことになりました。

　まず、何かあったときのために、わたしも別便で現地に向かうことに。ただ、今回は「本人の力で参加する」ことを大事にしたかったので、べったり同行するのではなく、自由行動だけ一緒に動き、宿も別にしました。現地のようすを教えてもらいながら、細かく段取りを決めて、自由行動のときはどこに行くとよいかなどルートも設定し、みのりにも事前に写真などを見せながら何度も一緒に予定を確認しました。

　修学旅行では、みのりは同じ部屋になった子たちと、当たり障りのない会話もできて、頑張って2泊過ごしてきたようです。気を使いすぎて、帰ったときには相当疲れていましたが、「行ってよかった!　自信になった!」と満足そうに言うみのりを見て、「成長したなあ」と、しみじみうれしかったです。

行きたい高校を自分で決める

　高校への進学を考える際、みのりは、今やっているスポーツの部活があり、女の子の少ない工業高校を選びました。これまで悩まされてきた女の子同士の陰険ないざこざは、もう嫌だと思ったようです。

　小学校でまともに授業を受けられなかったので、勉強のベースができていないみのりは、受験で相当苦労しました。担任の先生からは、出席日数も少なめだし、通信制しか選択肢はない。高校に受かってもきっと続かないだろうと言われていましたが、みのりは悔しいから逆に頑張って通うんだと言っています。

1人でもいいから理解者を

　これから考えていかなくてはならない問題の1つは、進路のことです。本人の考えとして、将来は今やっているスポーツに本格的に取り組むのが1つの選択肢。また、ミュージカルが好きで劇団にも入っていたので、音響や映像の世界にも興味があるようです。その両方が学べる大学を見つけ、行きたいと言っていますが、県外の大学なのでやっていけるのか心配ですし、そもそも受験するためには、相当勉強を頑張らないといけません。

　ただ、これまで学校の先生に、「そんなんで将来どうするんだ」「甘えてたらダメだ」などと言われ続けてきたみのりが、自分でやりたいことを見つけて頑張ろうとしているのです。精一杯応援してあげたいと思っています。

　そして、進路も重要ですが、これから先、だれか1人でも、みのりが心を許せる理解者を見つけられるといいな……と。本人はずいぶん成長して、強くもなったけど、やっぱり人付き合いやコミュニケーションの難しさは抱えていますし、特に生理が始まってからは、その前後にマイナス思考がとても強く出てしまいます。

　最近、自分のことがわかってきて、M先生に「わたし、友達を傷つけることを言ってしまうと言われるんだけど、自分ではよくわからないんだ」と相談し、「そういうときはお友達に"傷つけてしまったときは教えてね"と言えるといいね」とアドバイスを受けました。

　今後、カミングアウトが必要な場面も出てくるだろうと思います。どんなタイミングで、だれに、どんなふうにカミングアウトをしたらよいのか……ということも、話していく必要があると感じています。ただ、これから親がずっと一緒にいてあげられるわけではありません。みのりが、ありのままの自分を伝えらえるような理解者と出会えますように。これが今のわたしの心からの願いです。

5章

こんなとき
どうしたら？

気になる姿と対応

気になる姿が見られる12人の具体事例について、
「なぜそうなるのか」という理由と、
「こうしてみては？」という対応法を解説します。
お子さんの姿に合った対応法を見つけて、
取り入れてみてください。

子どもたちの
気になる姿

この章に出てくる12人の子どものケースは、
それぞれ、以下の3つのカテゴリーに分かれています。

Case:1~6

→ 日常生活で
気になる姿

基本的な生活習慣や日常場面で見られる、気になる姿を挙げました。

Case:7~9

→ コミュニケーションで
気になる姿

人とのかかわりや言語の発達面で見られる、気になる姿を挙げました。

Case:10~12

→ 園や学校生活で
気になる姿

集団生活や行事場面で見られる、気になる姿を挙げました。

「見えない部分」に目を向けて

相手の気持ちがわからない、強いこだわりがあるなど、
自閉症スペクトラム（ASD）のある子どもが見せる姿は、
ときに、周囲の人を困らせてしまうことがあるかもしれません。

しかし、それは「わがまま」でも「わざと」でもありません。
ASDのある子は少数派の脳のタイプをもっていて、独特の考えや行動を示します。
つまり、困った行動は脳の特性がさせているのであって、
実はその子自身もどうしたらよいかわからず、とっても困っているのです。

この章では、子どもの姿を読み解くために、「氷山モデル」を手がかりとします。
氷山は海に浮かぶ氷の塊で、見えるのはほんの一部。大部分は海の中に隠れています。

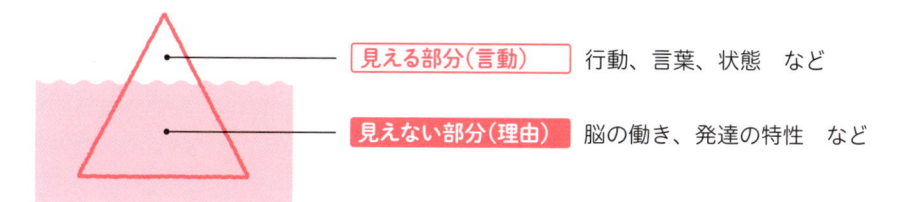

見える部分（言動）　行動、言葉、状態　など

見えない部分（理由）　脳の働き、発達の特性　など

この「目に見える部分」を「子どもの姿や行動」として考えると、
わたしたちがそこから理解できることは少ししかありません。
海の中の氷の塊──「目に見えない部分」にこそ、
「脳の働きや発達の特性」など、行動の理由が多く隠されているのです。

この見えない部分、つまり「それはなぜ?」が見えると、
「どう向き合えばよいか」が具体的にわかってきます。

12人の子どもたちの姿を通して、「それはなぜ?」の読み取り方や、
家庭や園・学校にも取り入れられる療育のエッセンスをたくさん紹介します。
ぜひ、お子さんの理解やかかわりに生かしてみてください。

5章

こんなときどうしたら？

白いご飯とうどんしか
食べない ひろきくん（4歳）

ひろきは3歳児健診でASDの疑いを指摘され、病院へ行ったところ、

「もう少しようすを見ましょう」と言われました。

偏食が強くて、白いご飯と素うどんしか食べません。

保育園の給食では、パンの日は食べるものがなく、

ご飯のときは冷めるまで手をつけないので、時間がかかってしまいます。

細かく刻んだ肉や野菜を混ぜてみたり、炊き込みご飯にしたり、

あの手この手でやってみましたが、何かが混ざるとよけいに嫌になるようです。

偏食はずっと続くのでしょうか？　体つきがやせていて、栄養状態も心配です。

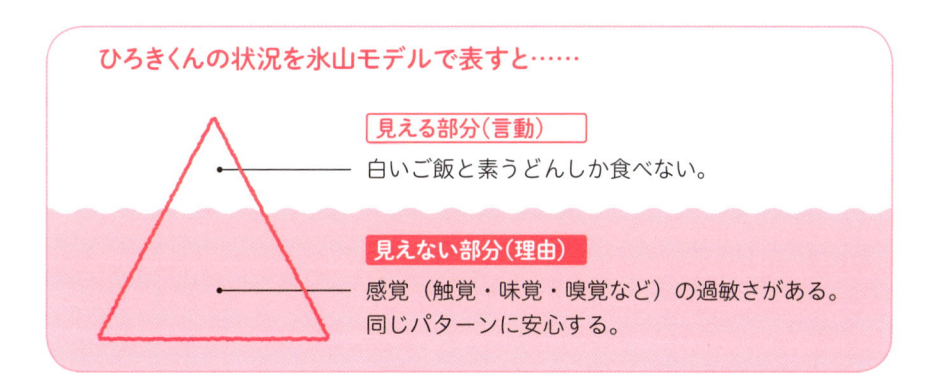

ひろきくんの状況を氷山モデルで表すと……

見える部分（言動）
白いご飯と素うどんしか食べない。

見えない部分（理由）
感覚（触覚・味覚・嗅覚など）の過敏さがある。
同じパターンに安心する。

それは
なぜ？

感覚の過敏さとこだわりによる悪循環

　決まった物しか食べないひろきくんに対して、お母さんは調理を工夫するなど頑張っていますが、効果が出ずに心配そうです。そのうえ医師に「ようすを見ましょう」と言われてしまうと、「何もしなくていいの?」と、さらに不安が増しますよね。まず、偏食の理由を考えてみましょう。

　子どもは本来、いろいろな味や食感、食べ物の色や形状を体験し、「甘いから好き」「固いから食べにくい」と、違いを識別する力が育ちます。そして、その力を信じて、新しい食べ物に挑戦するようになるのです。

　しかし、触覚や味覚、嗅覚などの感覚が過敏で体験ができず、識別する力が育たないと、知らない物を口に入れることに強い不安を感じます。これは、わたしたちが目隠しした状態で、知らない物に触れるときの不安と似ています。すると、「決まった食べ物しか受け付けない⇒食が広がらない⇒新しい感覚が体験できない⇒いつまでも識別できない」という悪循環になるのです。

このような食行動は、こだわりとなって定着してしまいがちで、これは「新しいものを受け入れにくい」というASDの特性とも関連しています。「興味や思考が柔軟に働かない」ので、「新しいもの＝得体のしれないもの」というふうに感じ、常にいつもと同じものを好むのです。

ひろきくんは、このような感覚の過敏さとこだわりが相まって、「決まった物しか食べない」という行動になっていると考えられます。

受け入れられる感覚から少しずつ

まず、「白いご飯と素うどんの共通点」を挙げ、その共通点をもつ食材を考えましょう。さらに味、食感、温度などを工夫し、受け入れられる加減を探ります。そして、安心して自分から口に運べるようになるまで同じ物を続け、大丈夫になったらまた少し変化をもたせる。これを繰り返します。

受け入れられる感覚を広げ、安心して口に運べる物を増やす。少しずつ、感覚の違いを理解する力を育てていけるとよいですね。

とうふ？　はんぺん？
卵の白身？
白くてやわらかい…

受け入れられる加減を探るために

●味の工夫

少し調味料を足してみる。

●食感の工夫

つぶして軟らかくしてみる。

●温度の工夫

時間を置いて冷ましたり、熱いスープに少しずつ水を加えたりして好きな温度を探してみる。

また、見た目も重要です。初めからたくさん出すと、それだけで嫌になってしまうことも。かわいい小皿や好きなキャラクターの器に、少量用意してみましょう。一口でも食べればOK！です。

もし嫌がってもしからずに、「嫌なんだよね」と本人の気持ちを受け止めてください。大人がおいしそうに食べて見せて、ひろきくんが自分から食べてみようという気持ちになるまで待つのがポイントです。

なお、好きな物に食べてほしい物を混ぜると、味や食感が複雑になり、逆効果になることも。まずは、単品で食べられる物を増やしましょう。

無理せず、でも放っておかずの心構えで

偏食のある子に無理やり食べさせるのはNGですが、かといってようすを見るだけでは、食の体験が広がりません。感覚の過敏さは、年齢とともに軽減するといわれています。強い偏食は本当に大変ですが、「この状態がずっと続くわけではない」と、長い目で根気よく対応しましょう。

もし、体の発達が心配であれば、母子手帳にある「乳幼児身体発達曲線」を参考にしてください。中央の帯から外れていても、発育曲線のカーブに沿って増えているようなら、それがその子のペースということです。顔色がよく、元気にあそべていれば大丈夫。もし、極端に曲線から外れたり、顔色が悪かったりする場合は、かかりつけ医や地域の保健師・栄養士などに相談してみてください。

保育園では食べられる物の用意を

園には「感覚が過敏で、食べると体調が悪くなるんです」と伝え、アレルギーのある子と同様の理解をお願いして、食べられる物を用意してもらえないか相談しましょう。難しければ、お弁当を提案しても。看護師や栄養士に相談してもよいでしょう。

Case:2

なかなか眠らない みずきちゃん（2歳）

みずきは1歳半健診で発達が遅れていると言われ、
その後、病院でASDの傾向があると言われました。
睡眠リズムがまったく安定せず、寝かしつけに苦労しています。
赤ちゃんのときは抱っこじゃないと寝られず、降ろした途端に号泣でした。
1歳から夜泣きがひどくなり、夜中にドライブに連れ出すことも……。
2歳になった今も夜中まで寝つかず、寝ても2時間ごとに目を覚ましたり、
かと思うと、昼近くまで全然起きなかったり。親がヘトヘトです。
幼稚園に入るまでに、どうにかしたいのですが……。

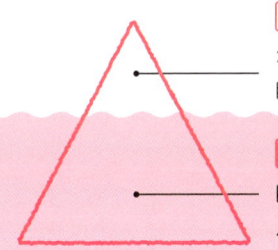

みずきちゃんの状況を氷山モデルで表すと……

見える部分（言動）
なかなか眠れない。
睡眠リズムが不規則。

見えない部分（理由）
睡眠ホルモン（メラトニン）がうまく分泌されていない。
バランス感覚が敏感で体勢の変化に不安を感じる。

**それは
なぜ？**

睡眠ホルモンがうまく分泌されないと……

　自身も睡眠不足になりながら、子どもの不規則な睡眠リズムに付き合ってきた親御さんの苦労は大変なものです。その不安は計り知れません。

　わたしたちの睡眠は、「メラトニン」という「睡眠ホルモン」が調整していて、目覚めと睡眠のスイッチを切り替えています。メラトニンの分泌はおもに光によって調節されているので、夜、部屋を暗くして静かな環境にすると、自然に眠りにつくことができるのですが、うまく分泌されないと、睡眠リズムに問題が生じます。

　実はASDのある子の3割に、このような問題があるといわれています。

体の傾きに敏感な子も

　また、ASDのある子は、姿勢が変化すると不安になることがあります。これは、体の内側に感じるバランス感覚の敏感さが関係しています。

　抱っこやおんぶ、また座っている姿勢から寝る姿勢になるときに大きな変化を感じ、寝つけなくなるのではないかと考えられます。

専門家による医療ケアも考えて

まずは、みずきちゃんの睡眠状態を次の表で確認してみましょう。

 （兵庫県立リハビリテーション中央病院HPを参考に監修者が作成）

1歳半以上で……

☐ なかなか入眠できない

☐ 睡眠中何度も目が覚めて、睡眠がまとまらない

☐ 一度目が覚めると1時間以上起きている

☐ 睡眠時間が9時間以下（昼寝を含む）

☐ 不機嫌で泣いてばかりいる

☐ お母さんの疲れが激しい

みずきちゃんはいずれの項目も当てはまり、睡眠の問題があると考えられるので、家庭での対応でOKなのか、それとも医療的なケアが必要なのかを、専門の医師に判断してもらうことをお勧めします（この表はあくまでも目安ですが、項目「お母さんの疲れが激しい」とそのほか何か1つ当てはまるようであれば、医師への相談を検討するとよいでしょう）。

その際は、子どもが寝ている時間帯を記録する「睡眠チェック表」を1か月くらいつけて、受診時に持参しましょう。インターネット上で「睡眠チェック表」と検索すると出てきます。ダウンロードして活用しましょう。

睡眠リズムを安定させるために家庭できること

本人のリズムに合わせていると改善しないので、寝る時間と起きる時間を決めます。朝もできるだけ決まった時間に起こし続けてみてください。

また、寝る前は儀式的に同じ行動を繰り返し、眠りに誘います。

おむつを替える。

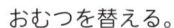

同じ音楽をかける。

電気を消す。

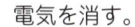

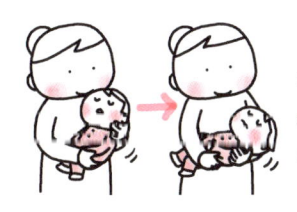

ゆっくり揺らしながら縦抱きから横抱きにする。

いつも同じ部屋の同じ布団に寝かせる。

一定のリズムでトントンする。

体勢の変化に敏感なら、位置を変えるときに「大丈夫」「ねんねしようね」と声をかけて。少し重さのある布団をかけると、安心する場合もあります。

焦らずに、お母さんの睡眠を確保して

お母さんの睡眠不足が続くと本当に大変です。一時保育を利用するなど、お母さん自身の睡眠を確保することも考えてください。一時保育では育児の相談もできます。問題を1人で抱え込まないようにしましょう。

3歳になれば、昼寝をしなくても夜しっかり寝られれば大丈夫。また、多少睡眠時間が短くても、日中元気に活動できれば心配いりません。それまでの苦しい時期を、周りに助けてもらいながら乗り切りましょう。

なお、幼稚園の入園までにどうにかしようと焦る必要はありません。入園前の面接で先生に相談してもよいでしょう。幼稚園は昼寝がない所が多いので、日中よく活動することで、夜しっかり眠る効果も期待できますね。

5章
こんなときどうしたら？

お風呂を断固拒否する ひろみちゃん（6歳）

ひろみは2歳半から療育に通っていて、そこでASDと診断されました。
お風呂、洗顔、歯磨き、髪をとかすなどが嫌いで、毎日格闘です。
療育で指導を受けて、なんとかお風呂に入れるようになったのですが、
突然、また拒否するようになりました。
頭がにおうので無理やり頭を洗ったら、それ以来、断固拒否。
今では、「お風呂」という単語だけでパニックです。
不潔にして病気にならないか心配で、実際、虫歯もできてしまいました。
どうしたらよいでしょうか。

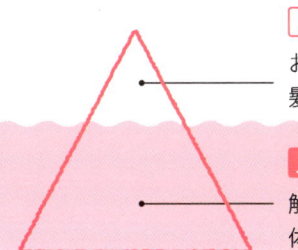

ひろみちゃんの状況を氷山モデルで表すと……

見える部分（言動）
お風呂、洗顔、歯磨き、髪をとかすのを嫌がる。

見えない部分（理由）
触覚（肌に何かが触れる感覚）が過敏。
体のバランスを保つ感覚が敏感。

それはなぜ？

肌に物が触れる感覚が苦痛

触覚過敏が出やすい部位

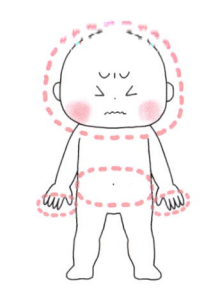

　清潔のための生活習慣を拒否されると、困りますね。虫歯になることもあるので、無理やりにでも……という気持ちもよくわかります。

　ASDのある子は感覚が過敏で、肌に触れられると強い不快や不安を感じることがあり、一度嫌な体験をすると「二度と嫌！」となることも……。

　特に、首回り・顔・頭・おなかなど、本能的に攻撃されたら困る、または攻撃に使う部分に過敏さが出ます。ここをそっと、狭い場所でいじられるのが耐えられません。だから、歯磨きや髪を洗うのが嫌なのでしょう。

　東京都小児総合医療センターの調査では、デイケアに通うASDのある4〜5歳のお子さんが、通常の約4倍、触覚の過敏さを抱えているという結果が出ました。

体が浮く感覚が不安

　「体のバランスを保つ感覚」が敏感な子もいて、湯船に入ると体が浮く不安定な感じが怖いと感じる場合もあります。

慣れさせるより、安心できる方法を考える

　感覚の過敏さがあると、とにかく不安。その不安が強まると、過敏さもさらに強くなるという悪循環になるため、**無理に慣れさせようとするのは禁物**です。まずは**「どうしたら安心できるのか」**を考えましょう。

安心できる工夫

| お風呂 | （シャワーの例については、2章 P.78 参照）

●楽しい場所だと感じられるように

「お風呂」と言わずに、好きなあそびを用意して楽しく過ごす。慣れるまでは、ただあそんだり、湯船に入るだけでOK。

●苦手な感覚を探る

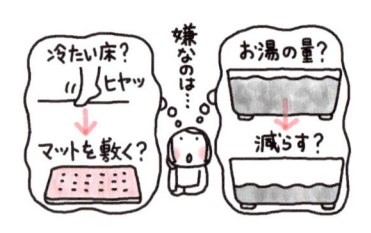

子どもが何を嫌がっているのかを推理してみる。例えば、お湯の温度が38度ならOKで40度だとダメという子も。

●大丈夫な洗髪方法を探る

どんな方法なら受け入れられるかを考える。シャンプーの香りを自分で選ぶようにしても。

●湯船に安心して入れる方法を探る

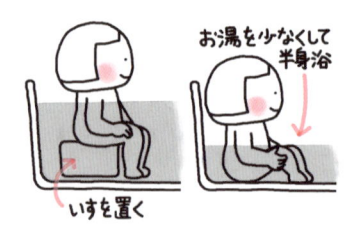

ようすを見ながら、安心できる方法を見つける。

洗 顔

①見せて予告する

鏡で顔を見せて洗うところを知らせる。あごのあたりから始めてみる。

②自分でやってみる

子どもが自分で、または大人と一緒にお湯をつけてみる。大丈夫なら少しこすってみて、タオルでふく（顔全体は寝ている間に親がふいておく）。

歯磨き

①見せて予告する

鏡や手鏡で口の中を見せ、「ここを磨くよ」と知らせる。

②自分でやってみる

子どもに歯ブラシを持たせて。嫌がらなければ、大人が手を添えて一緒に磨く。

　髪をとかすのも、まず鏡で子どもが見える範囲で予告。一緒にブラシを持ち、毛先から少しずつ、優しくときましょう。あまりに強く拒否するなら、就寝中やテレビを見ている間に。ショートヘアにするのも一案です。
　ひろみちゃんが感覚の問題を抱えていることやかかわりのコツを親御さんが理解すると、きっと安心できるでしょう。年齢とともに、感覚過敏は軽くなるといわれています。無理せずに少しずつ取り組みましょう。

Case:4

パンツにおしっこをしても そのままの だいすけくん（4歳）

だいすけは全体的に発達が遅く、病院で検査をしてASDと診断されました。

3歳でトイレトレーニングをしたものの挫折。4歳で再び挑戦です。

尿意自体がよくわかっていないのか、

パンツにおしっこをしたままあそんでいたり、お風呂の後に裸でしてしまうことも。

おしっこの回数が多くて何度も繰り返すので、イライラしてしまい、

つい、おむつに替えてしまいます。

保育園でもおむつ。これではトレーニングが進まないとわかってはいるのですが、

何から始めたらよいのかわかりません。

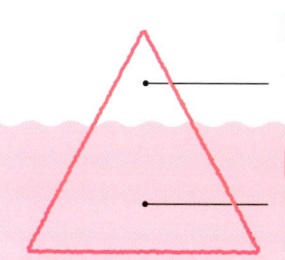

だいすけくんの状況を氷山モデルで表すと……

見える部分（言動）
パンツにおしっこをしたままあそんでいたり、
お風呂の後に裸でおしっこをしたりする。

見えない部分（理由）
おしっこをする機能が成熟していない。
内臓の感覚がアンバランス。

**それは
なぜ？**

おしっこをする機能の育ちが遅い？

3歳ごろまでに多くのお子さんはおむつが外れ、パンツで過ごせるようになっていくのに、おしっこがもれても平気なようすだと、心配になりますね。ASDのあるお子さんは、排せつの自立が遅れる場合があります。

まず、排尿の機能「おしっこ機能」がどう育つのかを説明します。赤ちゃんは膀胱に尿がたまると反射的に排尿しますが、ためられる容量は徐々に増えていきます。

1歳を過ぎると、睡眠中は尿を濃くして量を少なくする力がついてきます。また、膀胱におしっこがたまった感じがわかるようになり、おしっこをする行動そのものを認識できるようになります。

そして、2〜3歳ごろが昼間のおしっこのコントロールが可能になる時期。膀胱の容量が増え、「おしっこをしたい感覚＝尿意」を感じて、おむつを触るなど、おしっこを知らせるサインを出すようになります。

こうして、3〜4歳ごろになると、おしっこがちょっと我慢できるようにもなってきます。この時期には、もうおむつが外れている子がほとんど。4〜5歳で、昼間のおしっこは独り立ちの時期を迎えます。

だいすけくんは、こういった育ちのどこかがゆっくりで、「おしっこ機能」がまだ整っていない状態なのかもしれません。

内臓の感覚がアンバランス

　胃や腸、膀胱など、それぞれの内臓の感覚がうまく感じられない子もいます。その場合、例えば「おなかがすいたのがわからない」「膀胱におしっこがしっかりたまっていないのに、意図せずにすぐ出てしまう」といった姿が見られることもあります。

　だいすけくんの場合は、内臓の中でも膀胱の感覚がアンバランスだということになります。

トイレトレーニングの準備ができているか確認を

　「トイレトレーニングは焦らないで」とよく言いますが、何を根拠に焦らず待てばいいのか……。それがわかると、お母さんの心の負担も少し軽くなると思います。

　まず理解しておきたいのは、おむつは体の機能ができ上がって初めて外れるものだということ。ですから、その子の発達に合った時期にトレーニングを始めることが大切です。

　トレーニング時期の目安になるのは、次の3つ。
①1人で歩けること
②おしっこの間隔が2〜3時間空くこと
③身振りや言葉で自分の気持ちが伝えられること

　だいすけくんの姿から考えると、②がまだ難しいようです。つまり、腎臓や膀胱の働きがまだ成熟しておらず、おしっこをするための体の機能（おしっこ機能）がまだできていない状態ということですね。

　トイレトレーニングを始める準備が整っていないと判断できるので、ここは、もう少し待ってみましょう。だいすけくんのペースで準備が整うときが必ず来ます。決してしからず、焦らず、対応を考えましょう。

無理せず、おしっこが出る間隔を把握

　お母さんのストレスが大きければ、おむつでもOK。心の余裕があるときにパンツにして、おしっこの間隔を計りましょう。保育園とも相談し、園ではできればパンツで過ごして、間隔を計ってもらうとよいですね。

　腎臓や膀胱の準備が整うと、2時間は間隔が空いてきます。そのときがトイレトレーニングを始めるタイミング。おしっこが出ても出なくても、1時間半くらいごとにトイレに誘ってみましょう。

　壁に子どもの好きなキャラクターをはったり、好きな香りのアロマを置いたり、トイレに行きたくなるような工夫もできるとよいですね。

あそびを通して体の機能を整える

　腎臓や膀胱など、内臓の感覚・機能を高めるような体操を取り入れてみてください。おなかに「の」の字をかいたり、背中や腰を押す・さする・揺らすといったマッサージもよいでしょう。

内臓に働きかける体操

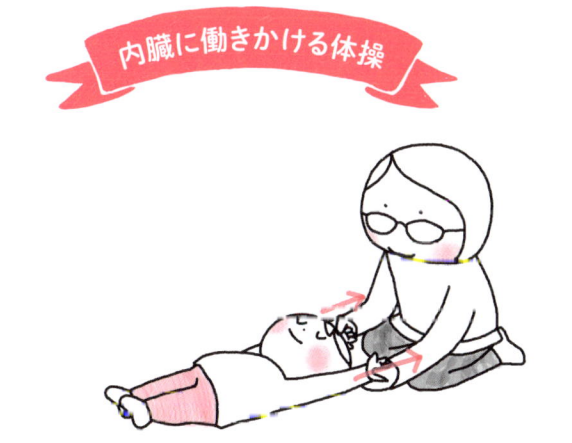

横になり、背筋を伸ばす子の手を持って、心地よく感じる程度に軽く引っ張る。

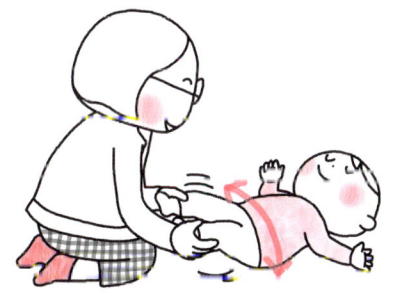

両足を持って軽く伸ばし、そのまま体を左右に揺する。

Case:5

着替えにとても時間がかかる
あゆみちゃん（7歳）

あゆみは不器用で、朝の支度にとても時間がかかります。

特に着替えが大変で、しょっちゅうシャツがスカートから出ているし、

ボタンも掛け違えます。食事ではいろいろなものをこぼし放題……。

本人自身がイラつき、「バカ!」「ムカつく」などと暴言を吐くこともあります。

3歳児健診で、「ちょっと不器用ちゃんですね」と言われましたが、

特にその後問題になることもなく、小学校も通常の学級に通っています。

ただまだ、はしはうまく使えませんし、はさみも苦手で、図工の時間は苦痛なようです。

どこか教室に通ったほうがよいですか?

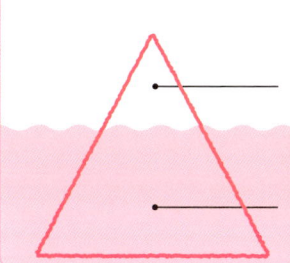

あゆみちゃんの状況を氷山モデルで表すと……

見える部分（言動）
不器用で着替えに時間がかかり、
食事をたくさんこぼし、はしが使えず、はさみも苦手。

見えない部分（理由）
体を動かすための感覚がうまく働かず、自分の体の
イメージがもてない。
見て理解する力に問題がある。

それはなぜ？

体を動かすための3つの感覚

「こうしたい」というイメージの通りに、体や指先が動いてくれない。これはとてもつらいことです。毎日の生活動作がスムーズに進まないので、本人だけではなく、親御さんもイライラしてしまうのはわかります。

体を思い通りに動かすために、わたしたちは3つの感覚を使っています。
①筋肉や関節に感じる感覚…力の入れ方や関節の曲げ伸ばしの調整をしたり、体のパーツを協調させて動かすのに使う感覚（固有覚）
②体の傾きを感じる感覚…姿勢を保つために使うバランス感覚（前庭覚）
③触れたものを感じる感覚…触ったものの素材や形を見極める感覚（触覚）

これらの感覚がうまく働かないと、立ったまま片足を上げられない、指先でパンツをうまく持てないなどの困難が生じます。自分の体のイメージもうまくつかめなくて、動きも全体的にぎごちなくなってしまいます。

「見る力」にもなんらかのトラブルが……？

また、見た物を理解したり、見分けたりする力がうまく働いていない可能性もあります。「見る」力にトラブルがあると、距離感がつかみにくかったり、集中して物を見つめて操作したりすることが難しくなります。

生活で見られる不器用さのいろいろ

　ここでは、着替えも含め、さまざまな場面で見られる子どもの「不器用さ」に関するチェックリスト（3歳以上の子ども対象）を紹介します。

　子どもがどこでつまずいているのか、それにはどのような力が関係しているのかがわかると、対応がわかってきます。参考にしてみてください。

「不器用さ」に関連するチェックリスト

- ☐ 卵をそっと持ったり、割ったりするのが苦手。
- ☐ おもちゃの扱いが乱暴。
- ☐ ドアをバタンと力強く閉めることが多い。
- ☐ 姿勢がよくない。
- ☐ 座って靴下をはくのが難しい。

→力の調節や、関節の曲げ伸ばし、目と手を協調させた動かし方がうまくいかないのかも?

筋肉や関節が感覚をとらえにくい状態だと考えられるので、例えばマッサージなどで
筋肉や関節にしっかりと感覚を伝えていきます。

- ☐ ブランコや滑り台を怖がる。
- ☐ 階段を片足ずつ一段下りて両足がそろってから次の一段を下りる。
- ☐ ゴロゴロしながらあそんでいることが多い。
- ☐ よく転ぶ。
- ☐ 立ったままズボンをはこうとするとよろけてうまくいかない。

→体のバランスを保つ感覚がうまく働いていないかも?

体が傾く感覚に苦手さがあるので、例えば不安が強ければ手をつないで支えたりして、
安定して動けるように工夫します。

- ☐ 痛みに強い（痛がらない）。
- ☐ スプーンやはし、鉛筆など道具を使うのが苦手。
- ☐ 決まった素材の洋服を好んで着続ける。
- ☐ ベタベタした物やご飯などが手に付くのを嫌がる。
- ☐ ボタンをうまく穴に通せない。

→触覚が過敏・鈍感だったり、手で触って素材や形を理解したりするのが難しいのかも?

触覚のアンバランスさがあるので、少しずついろいろな物に触れながら、手先を動かすあそびや体験を取り入れます（P.185、2章 P.79参照）。

- ☐ ボールをけり損ねることが多い。
- ☐ 文字をよく読み飛ばす。
- ☐ 物によくぶつかる。
- ☐ たくさんある中から物を探すのが苦手。
- ☐ 靴の左右がわからない。

→両目を使って物を追ったり、形をとらえたりするのが難しいのかも?

「見る力」のトラブルが考えられるので、例えば、「あっちむいてホイ」など、眼球を動かすことを意識したあそびや手先を動かすあそびを取り入れます（P.185参照）。

どうしたらいい？　自信を失わせず、「やりやすくなる」配慮を

　自信を失っていたり、イライラが強かったりするときは、ボタンの掛け違えをさりげなく直し、食事をこぼしてもしからずに、さっと片付けましょう。頑張らせすぎず、かつ本人がうまくできないことでネガティブな気持ちをもたないような気遣いが必要です。

　苦手なことに挑戦するのは、本人に少し気持ちの余裕があるときがよいでしょう。そのときには、取り組みやすくなる工夫も考えたいですね。

「やりやすくなる」工夫

●着替え

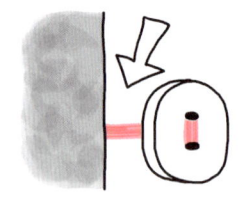

ボタンを付ける糸を少し長めにしておくと、はめたり外したりしやすい。

●食事

持ちやすいサイズの茶碗にする、道具（スプーン、フォーク、はしなど）を併用する、こぼしてもよいようにトレーやランチョンマットを用意するなどの工夫を。

　「思うように体が動かない」とはどんな状況でしょうか。あなたが利き手をけがして、やむなく反対の手を使って生活していると想像してみましょう。そんなとき、「早くしなさい」「こぼさないで！　ちゃんと見てないからよ」などと言われたら、イライラする気持ちになると思います。

　ある子は、「わたしバカなの？　だって体が思うように動かないんだもん」と言いました。このような状況が続くとやる気がなくなり、投げやりになって、二次的な障害につながることもあります（第1章 P.51〜参照）。努力不足でないことを心に留めて接していきましょう。

体や指先の発達を促すかかわり・あそび

生活場面やあそびの中で体や指先をしっかり動かすことを、意識的に取り入れてみましょう。楽しく行いながら、少しずつ自分の体のイメージや体の動かし方がつかめてくるとよいですね。

体や指先を使うかかわり・あそび

●体のイメージを知る

洗うところを伝え、そこに触れたりこすったり。また「腕」「太もも」などと言いながら、自分で意識して洗う。

●体全体を使う

家で毎日無理なくできるお手伝いやあそび。

●指先を使う

手や指を使って感覚を育てる。目をしっかり使うあそびにもなる。

工作教室などに通うのもよいですが、何より大切なのは、あゆみちゃんが楽しめるかどうか。通う場合は先生にあゆみちゃんの不器用な面を伝え、自信を失わないようなかかわりを事前にお願いしておきましょう。できるかできないかより、楽しみながら体や指先を動かすことが大切なのです。

不安なとき、自分や友達を傷つけてしまう じゅんくん（4歳）

じゅんは、3歳でASDと診断されました。

お出かけのときや嫌なことを思い出したときなど、

不安を感じると体を繰り返し前後に揺らしたり、自分の顔をたたいたり、

壁に頭を打ち付けたりすることもあります。

保育園では友達をたたくこともあり、先生も困っています。

「やめようね」と言ってもダメで、見ていてつらくなってしまいます。

療育で教えてもらったように、外出するときは行き先を絵で見せて知らせたりして、

不安を取り除こうと努めていますが、あまり効果がないようです。

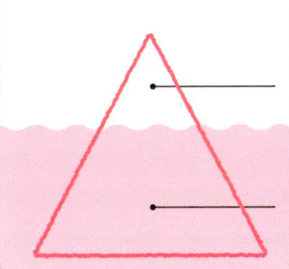

じゅんくんの状況を氷山モデルで表すと……

見える部分（言動）
不安を感じると、顔をたたいたり、
壁に頭を打ち付けたり、友達をたたいたりする。

見えない部分（理由）
ストレスで交感神経が活発になり、不安を強く感じる。
身の回りの情報や刺激がうまく受け取れない。
嫌な体験を忘れられない。

**それは
なぜ？**

交感神経が活発になり、不安を強く感じやすい

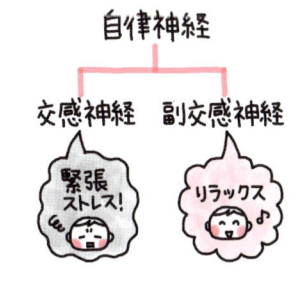

不安を取り除く対応を工夫しているのに、自分を傷つけたり、人をたたいたりしてしまう……。とても心配ですね。

わたしたちの体の機能は「自律神経」がコントロールしていて、自律神経は「交感神経」「副交感神経」の2つで成り立っています。交感神経は、緊張やストレスを感じるとき、副交感神経はリラックスしているときに働き、2つがバランスよく機能することで、健康でいられます。

自律神経は身の回りの情報や刺激に反応して働きますが、ASDのある子は、その情報や刺激をうまく受け取れないので、交感神経が活発になりがち。そうなると、不安や焦りがさらに強まってしまいます。

「嫌な体験」を忘れられない

じゅんくんは、ときに過去の嫌なことを思い出して、不安になってしまうようです。これは「タイムスリップ」や「フラッシュバック」といった現象で、大変つらく苦しい体験となります（1章 P.44 参照）。

どうしたら
いい？

「傷つける行動」は止める

　同じ行動を繰り返したり、自分や人を傷つけたりするのは、自分を落ち着かせるための行動です。わたしたちが不安を感じたときに、「大丈夫」と心の中で言ったり、深呼吸をしたりするのと同じと理解してください。

　ただそうは言っても、自分や友達を傷つける行動は防ぎたいもの。そのような姿が見られたら、手を握ったり、抱きしめたりして止めましょう（2章 P.75 参照）。穏やかに「大丈夫」と伝えたり、好きな歌をうたったりするのもよいでしょう。じゅんくんの気持ちが落ち着くことが最優先です。

大丈夫だよ

不安を軽くする方法を見つけて

　今お母さんが行っている絵カードの予告は、一見、効果が現れていないと感じるかもしれませんが、このかかわりがあるからこそ、じゅんくんの状況が悪化していないともいえます。不安が大きいじゅんくんにとって、絵カードは理解がしやすく、事前に予定を把握して安心できる必要な支援だと信じて、続けてみてください。急な予定の変更もなるべく避けましょう。

　また、保育園は家庭以上に刺激が多くてストレスを感じやすいので、じゅんくんが静かに過ごせる空間と時間を確保できないか、相談してみましょう。好きなおもちゃなども用意してもらい、ときどきそこで過ごさせてもらいます（2章 P.68〜「かかわり1」参照）。

　「ストレスから自分や友達を傷つけることがあるので、リラックスできる支援が必要」と伝えると、保育士も対応を考えやすくなります。

リラックスして、副交感神経をアップ！

「副交感神経」を高めて、気持ちを落ち着けられるかかわりやアイテムを、取り入れるとよいでしょう。じゅんくんが心地よいと感じられるものを見つけておき、「イライラしてきた？」と思ったら早めにトライ！

リラックスできるかかわり・アイテム

●ツボを刺激

副交感神経を高めるツボをもむように刺激。嫌がるときは無理せず、気持ちよさそうに応じる部分をマッサージ。

●深呼吸

深呼吸を教えて一緒にやってみる。難しければ大きく息を吐くところから。

●頭と首をリラックス

頭を打ち付ける場合、頭をマッサージしたり首を回したりしてリラックスさせて。

●保冷剤を使って

暑いときは、保冷剤で首を冷やすと落ち着く子も。

●好きなものを見つけて

好きな曲、におい、飲み物、食べ物などを見つけておくと役立つ。

　　お母さん自身も、1人で不安を抱え込まないでください。療育機関は、じゅんくんのことだけでなく、お母さんの話も受け止めてくれます。「状況がわかっている」人に話をすることで、少し気持ちが軽くなるでしょう。

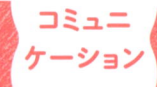

Case:7

言葉の遅れを指摘されている
つよしくん（3歳）

つよしは1歳を過ぎても指さしが出ず、名前を呼んでも反応しないので、
ほかの子より遅れてる?と気になっていました。
3歳になり、ひとり言は言っていますが、意味のある言葉は発しません。
また、気に入らないことがあると「アー!」と叫んでかんしゃくを起こします。
市の保健師さんに相談し、発達外来で検査をしたところ、
言葉の発達は1歳2か月相当で、ASDの可能性もあると言われました。
これまで一緒にあそぶ時間が少なかったからかも……と、後悔しています。
ことばの教室にも通いますが、今からでも親ができることがあれば教えてください。

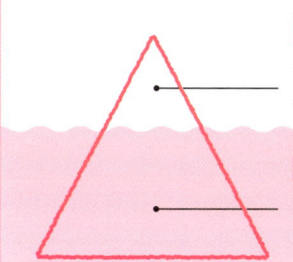

つよしくんの状況を氷山モデルで表すと……

見える部分（言動）
意味のある言葉が出ない。
気に入らないことがあるとかんしゃくを起こす。

見えない部分（理由）
人や人の声に対して関心が薄い。
「伝わらない」「わからない」ストレスが蓄積。

言葉のやり取りが成立しにくい

　人は生まれたときから、あやすと笑うなど人人と自然にやり取りをするようになりますが、その「自然なやり取り」が成立しにくいのがASDのある子どもの特徴で、親御さんは心配になりますね。

　理由は、次のようなことが考えられます。

● 人への関心が薄い
● 人の声に関心をもちにくい

　赤ちゃんのときのこのやり取りが「言葉の学習の基盤」になるのですが、ASDのある子は、その基盤が作られるのが遅れることがあります。

べろべろ
ばー！

…

「伝わらない」「わからない」ストレス

　言いたいことがあるのに伝わらない、相手が言っていることがわからない……。こんな状態は、わたしたちでもイライラしてしまいますね。

　つよしくんのかんしゃくは、「伝わらない、わからない」によるストレスが引き起こしていると考えられます。

どうしたらいい？

「やり取りあそび」を繰り返し楽しんで

　1歳前後の子は、「いないいないばあ」などのやり取りあそびの中で、相手の反応をワクワクしながら予測し、思った通りの反応があると大喜びして、何度も繰り返します。

　このように「人とかかわると楽しい」と思える経験を積むと、それが言葉への関心につながります。しかし、ASDのある子は、人への関心が薄く、視線が合いにくいので、なかなかこういったあそびが成立しません。

　人よりも物への関心が強いので、目で楽しめるおもちゃを利用して、やり取りあそびをたくさん取り入れましょう。そこから人への関心につなげていくことを考えてみてください。

風船でやり取りあそび

①子どもが見ているのを確認して、風船を膨らませる。
②風船を飛ばす。
③子どもが拾いに行く。「拾ってきて」と伝えても行かなければ、大人が拾って手渡す。
④このあそびが楽しければ大人に風船を差し出してくるので、視線を合わせ、風船を膨らませる。
「視線を合わせると、楽しいことが起きる」というつながりを伝える。

※こまやシャボン玉でも同様にあそべる。

見てる見てる

言葉だけでなく、見てわかる支援を

　つよしくんが伝えたいことを理解するために、また、つよしくんに伝わりやすくするために、見てわかるように実物などを使ってコミュニケーションをとりましょう（2章 P.86、99参照）。

言葉の遅れは、親御さんの対応のせいではありません

　日常的に親子のやり取りが十分にされていることは大切ですが、ASDのある子は、生まれつき人や言葉への関心が薄いという特徴があります。
　ですから、言葉の遅れは親御さんの接し方のせいではありません。つよしくんがなんらかの言葉を発したり、伝わらなくてもどかしい思いをしている今が、言葉を伸ばすタイミング！と考えて、大事にかかわっていきましょう。

Case:8

人の気持ちが理解できず
トラブル続きの みかちゃん（7歳）

みかは人が話していると、「ねえ、何話してるの?」「みかはねえ……」
と割り込み、自分の話にもっていきます。
さらに、友達に「○○ちゃんの顔って変〜!」と失礼なことを言ったり、
とことん責めたてたり……。
逆に、人から責められて自分の立場が悪くなると、シャットダウン。
とてもコミュニケーションの取りづらい子です。当然、うっとうしがられることが多く、
仲の良い友達もいません。保健センターの育児相談では
「発達の遅れはないので大丈夫」と言われましたが、心配です……。

みかちゃんの状況を氷山モデルで表すと……

見える部分（言動）

人の話に割り込んだり、失礼なことを言ったりする。

見えない部分（理由）

相手の視点に立って物事を考える力が育っていない。

それは
なぜ？

相手の視点に立つ=「心の理論」

　人との関係においてトラブルになることが多いと、お母さんはハラハラドキドキしてしまいますよね。

　4歳ごろまでは、どの子どもも「自分の視点」で物事を考えています。つまり、自己中心的な考え方ですね。しかし4歳を過ぎるころから、相手の視点に立って物事を理解できるようになり、この発達を「心の理論（序章 P.30 参照）」といいます。

　みかちゃんは、まだ心の理論が育っておらず、人の話に割り込んだり、相手に嫌なことを言ったりしても、それが悪いことだとは思っていないのかもしれません。「相手のことを考えて」と伝えても、そのことが理解できないのでしょう。

　「なんでわからないんだろう？」と悲しい気持ちになってしまうかも

そんなこと言ったらゆかりちゃん悲しいでしょ

しれませんが、ゆっくりでも、相手の視点で考えたり、気持ちを理解したりできるようになるので大丈夫。焦らずにかかわっていきましょう。

「自分の視点」から「相手の視点」へ切り替える

　話に割り込んでしまったときに、「今、お母さんが話してるでしょ」と言っても、まだ相手の視点がわからないので、「でもわたしは……」と、自分の視点で主張します。

　まずは、みかちゃんの「話したい」という気持ちを受け止めましょう。そして、「その気持ちとお母さんの気持ちは同じ」と伝えます。自分の視点や気持ちは理解できるので、そこから、相手の視点や気持ちに切り替えていくのです。

　ASDのある子どもは、自分と相手の視点の切り替えができないので、たしなめられたり、責められたりすると、「自分は悪くない」という思いが強くなり、固まったり、反抗的になったりしてしまうことも……。心を閉ざして、大人の説明を受け入れられなくなってしまうこともあります。根気が必要ですが、ここは踏ん張って、丁寧にかかわりましょう。

「あったか言葉」を教えて

　直観的に相手の気持ちを理解しにくいのが、ASDのある子どもの特徴です。友達は直感的にわかるのに、そこにズレが生じる……こうしてトラブルが起こってしまうのです。

　相手の視点や気持ちを理解できるようになるまでには、時間がかかります。繰り返し伝えていくことも大事ですが、あまり要求しすぎると、子どもにストレスがかかってしまいます。

　そんなときは、マナー・ルールとして具体的な振る舞い方を教えるのも1つの方法。まずは、「体や顔のこと、勉強のことは、ほめる以外は言葉にしない」と、はっきり伝えます。

　そして、相手の気持ちがあったかくなる言葉（うれしくなったり、ほっとする言葉）を教え、相手の気持ちがチクチクする言葉（悲しくなったり、嫌な気持ちになる言葉）は使わないようにと教えていきましょう。

あったか言葉・チクチク言葉の例

●あったか言葉

「ありがとう！」

・ありがとう！
・さすが
・頑張れ！

●チクチク言葉

「嫌い！」

・嫌い！
・あっち行って!!
・バカ!!!

　「あったか言葉」は、まずは周囲の大人が日常的にたくさん使うようにするといいですね。みかちゃんが相手の気持ちに気づくのは、こうした「あったか言葉」を使えるようになってからでもよいと思います。

親子で楽しむ「スペシャルタイム」

　短い時間でいいので、親子2人だけで楽しむ時間、「スペシャルタイム」も作りましょう。楽しい雰囲気の中で、たくさんほめられながら、ルールやコミュニケーションを練習する時間です。「ママとみかちゃん、2人であそぶスペシャルタイムだよ！」と誘い、好きなあそびをみかちゃんがリードして過ごします。生活の中で無理のない時間に行いましょう。

　お母さんもまた、みかちゃんの好きなことを知り、いいところを見つけてほめる練習になるので、親子関係がさらによくなる効果も期待できます。

スペシャルタイムのポイント

●「やり取り」が生まれる
　雰囲気にもっていく

●よいところはどんどんほめ、
　「あったか言葉」が出たらすかさずほめる

●チクチク言葉が出ても指摘せず、
　さりげなく言い換える

●指示や命令、批判や
　否定的なコメント、教育的な指導はNG

大人と1対1のやり取りから、少しずつ友達とかかわる経験も増やしていきたいところですが、みかちゃんの場合は、今のところ、何かトラブルがあったときに大人が対応して調整する必要があります。大人の見守りの中で、友達とあそぶようにしたほうがよいでしょう。

　また、違う年齢の子とあそぶ機会も作れるといいですね。年下の子に優しく接したり、年上の子から温かくかかわられたりすることで、気持ちが安定し、困った行動が起こりにくくなることもあります。

もう一度、専門家への相談も検討して

　以前、育児相談で「発達の遅れはないから大丈夫」と言われたみかちゃんですが、友達関係のトラブルで集団生活に支障が生じているなら、もう一度相談してみてはどうでしょう（3章 P.110〜111参照）。

　「子どもの発達で気がかりなことがある」とはっきり伝えて、できれば、臨床心理士や臨床発達心理士などの専門家につないでもらいます。そして、特にコミュニケーションや社会性の面で気がかりなことについて、具体的なエピソードも交えて伝えましょう。

　すると、かかわり方のコツなども教えてくれますし、経過観察も含めて、今後継続的に相談に乗ってもらうこともできます。お母さん1人で悩まずに、みかちゃんの理解者やサポーターを増やして、一緒に考えていきましょう。

Case:9

マナーやルールがわからず 友達とあそべない まことくん（4歳）

まことは我が強く、友達のおもちゃを取ってしまったり、
寄ってきた友達に「嫌!」と叫んでたたいたりしてしまいます。
「貸してって言おうね」「一緒にあそぼうね」と何度も教えているのですが、
言えば言うほどかんしゃくを起こして、なかなか立ち直れません。
こんな調子なので、外であそぶときは、親がついてないとあそばせられません。
幼稚園でもよくトラブルを起こしているようです。
以前、3歳児健診で言葉の発達の遅れを指摘され、
発達障害かも?と気になっています。相談に行ったほうがよいでしょうか。

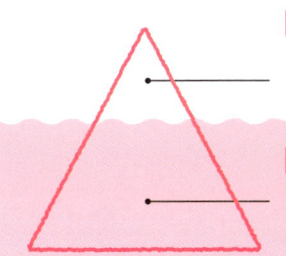

まことくんの状況を氷山モデルで表すと……

見える部分（言動）
友達のおもちゃを取ったり、たたいたりする。
かんしゃくを起こすとなかなか立ち直れない。

見えない部分（理由）
興味のあることだけに集中しすぎてしまう。
理解する力が弱い。

それは
なぜ？

興味のあることだけに集中してしまう

　交代や順番などのルール、「貸して」「入れて」のやり取りのマナーが育つ時期。トラブル続きのまことくんの姿は心配になりますね。かんしゃくから立ち直れないようすも気になります。周囲からはわがままやしつけの悪さと見られがちで、お母さんもつらい思いをしているかもしれません。

　自己中心的な振る舞いになりがちな子は、興味のあることだけに集中しすぎてしまう傾向があります。まことくんの場合、自分のあそびに夢中になると、あそんでいるおもちゃしか見えなくなり、友達が加わろうとすると、「邪魔された」と感じて、強く反応してしまうようです。

　このように、特定の部分だけに集中し、ほかの状況に意識が向かない状態を「シングルフォーカス」といいます。「木を見て森を見ず」という状況で、思い込みが強くなり、気持ちの切り替えも困難に……。また、自分のルールにこだわり、周りのルールに応じられなくなってしまいます。

理解する力の弱さも

　言葉の遅れを指摘されたのなら、発達がゆっくり進んでいる可能性も考えられます。そのために、ルールや状況が理解できずに、繰り返しトラブルが起こっているのかもしれません。

気持ちを切り替える方法を確認

シングルフォーカスのためにマナーの理解ができない、「自分ルール」が強くなるという場合、トラブルが多く、まことくんもお母さんもイライラして、感情が不安定になるでしょう。

まずは、できるだけかんしゃくを起こさせないよう、普段から穏やかなかかわりを意識してください（2章 P.72〜「かかわり2」も参照）。

また、かんしゃくを起こしたとき、気持ちを切り替えるためにどうしたらよいかを日ごろから一緒に確認し、練習しておくとよいでしょう。

●一度、その場所から離れて深呼吸

●気持ちが落ち着く方法を見つけておく（P.189も参照）

●親や先生の言葉に耳を貸す

落ち着く場所で、少しずつ視野を広げる練習を

　なじみの薄い場所で多くの子どもとあそぶのはまだ難しいと考え、できるだけ友達に家にあそびに来てもらうようにするとよいでしょう。自分の家ならまことくんの気持ちに余裕ができ、親の目も届くので安心です。園でも少人数であそぶ機会を設けてもらうように、相談してみましょう。

　そして、徐々に周りの状況に意識を向けたり、ルールやマナーを理解したりできるように、大人がまことくんの視野を広げる手助けをしましょう。

視野を広げるかかわり

●冷静なときにトラブルのあった
　状況を振り返る

●普段からルールやマナーを
　意識的に知らせる

　友達とのトラブルの場面は、一見ピンチに見えますが、学ぶためのチャンスの場です。大人がそうした心構えでいることも大切ですね。

　シングルフォーカスや感情の調整は午齢とともに発達し、周囲の状況も見えてくるようになります。焦らずにかかわっていきましょう。

　ただ、5歳を過ぎても状況が変わらなければ、また違った支援が必要ということかもしれません。一度専門家に発達検査で状況を確認してもらえるよう、発達相談を考えてみてください（3章 P.110〜111参照）。

Case:10

運動会の練習にストレスを抱える かおりちゃん（3歳）

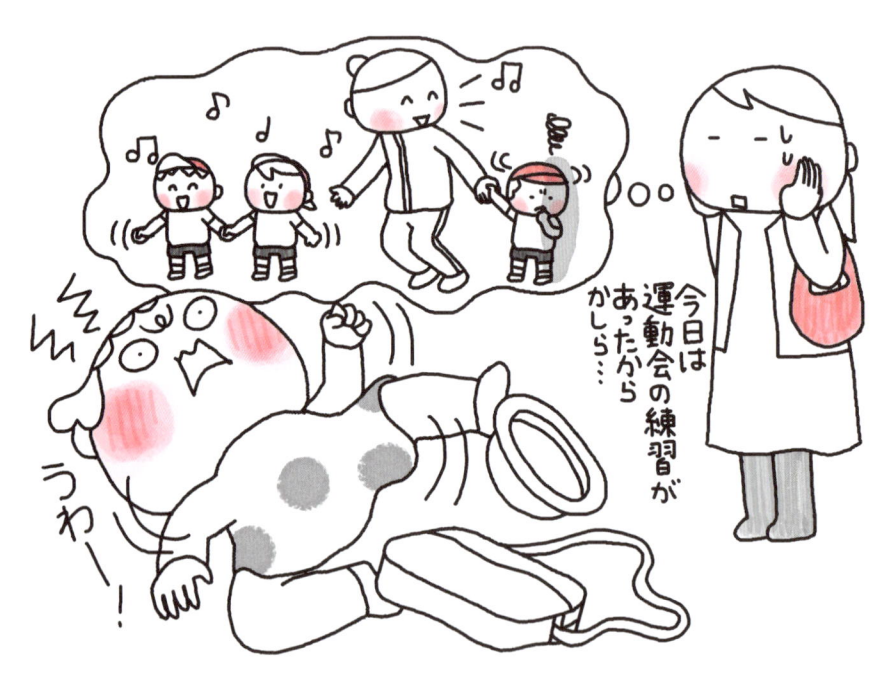

かおりは軽度の知的障害もあるASDで、療育と幼稚園両方に通っています。
不安が強くて、いつもと雰囲気や予定が違うとパニックになります。
今、幼稚園は運動会の練習中。そのストレスでぐずりがひどく、熱を出すことも……。
当日のパニックを予想して先生と話し合い、本番は家族席で待機、
ダンスの衣装は着なくてOKなど、特別ルールを認めてもらいました。
初めての運動会に参加させてあげたいのですが、ほかの子や親御さんがどう思うか、
こんなにストレスを感じているかおりを無理やり参加させるべきかなど、
葛藤もあります。今回はあきらめるべきでしょうか。

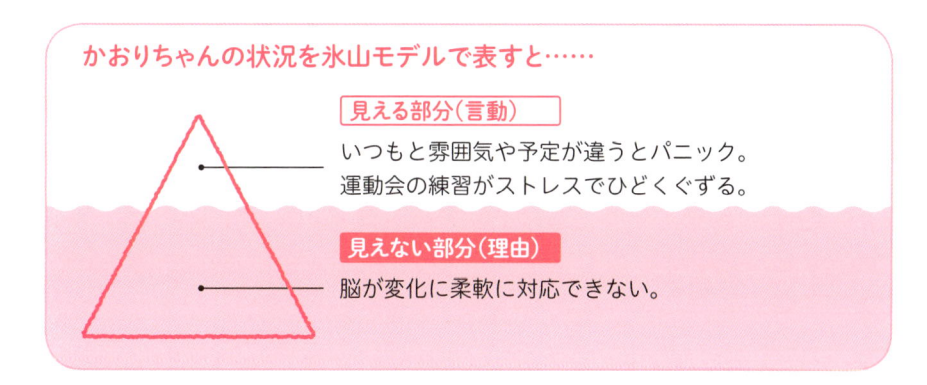

かおりちゃんの状況を氷山モデルで表すと……

見える部分（言動）

いつもと雰囲気や予定が違うとパニック。
運動会の練習がストレスでひどくぐずる。

見えない部分（理由）

脳が変化に柔軟に対応できない。

それは
なぜ?

いつもと同じ生活で安定します

　行事には参加させてあげたいけど、嫌な思い出にもしたくない……。年齢的にもまだ幼いかおりちゃんなので、迷いが生じるところですね。園も運動会に参加しやすくなる配慮を考えてくれていて、「かおりちゃんのために」という、みなさんの温かい思いが伝わってきます。

　ASDのある子は毎日決まった習慣的な生活が安定し、予定の変更は苦手です。これは、脳が変化に柔軟に対応できないことが原因。ここがうまく働かないと、日常と違う状況は本人にとって相当苦痛なものになります。3歳ぐらいだと、非日常の行事はどの子も緊張するもの。行事が重なる時期に体調を崩したり、赤ちゃん返りをする子も……。

　ASDで知的障害もあるかおりちゃんは、実際の発達は3歳に至っていないと考えられるので、さらに負担は大きくなって、強いストレスがかかってしまう心配があります。かおりちゃんのようすによっては、今回の運動会は思い切ってお休みするという選択をすることも必要になるかもしれません。

「変化」を少しずつ体験

うさぎさんの
コップじゃなくて

お花のコップで
飲んでみる？

　毎日安定して過ごすことを大事にしながら、その中で部分的に「変化」を体験できるようにしていきましょう。「変化しても大丈夫」という体験を少しずつ積み重ねて、「柔軟に対応する力」をつけていきます。くれぐれも無理はしないように、いつものやり方に慣れたところで、新しいことを取り入れるようにしてください。

　こうした日常場面の積み重ねが、行事参加につながることを大人が理解してかかわることが大切です。本人が「参加してみよう」と思えるように次のようなことを、家庭と園とで共有できるとよいですね。

行事について家庭と園で共有したい考え方

- ●「参加すること」が目的でなく、「安心して体験できること」を目的に
- ●「みんなと同じことができる」よりも、「友達と同じ場を共有して安心して過ごせる」ことを大切に
- ●感覚の過敏さや不安が強い場合、ようすを見て静かな部屋で休息を取る
- ●活動の予定が見てわかるようなスケジュール表や活動の手順表を用意する
- ●全部参加するのが難しければ、部分的な参加を考える
- ●練習のときから無理せずに、できることを積み重ねられるように意識する

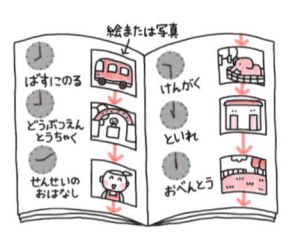

　行事は毎年行われます。その行事が成長を促す体験になるか、苦痛を伴う嫌な体験になるかを、大人が見極めながら対応していきましょう。

よき理解者である療育機関とも連携して

　行事の工夫については、療育機関にも相談するとよいでしょう。

　前もってこんな準備をしておくとよい、これがあると安心する、声かけはこうすると落ち着く……など、具体的な配慮やかかわりのコツを伝授してもらい、それを園にも伝えます。幼稚園の先生の同意が得られるようなら、療育機関から園に直接連絡をとってもらってもよいかもしれません。

　幼稚園の先生も、一生懸命対策を考えてくれているようです。要求ばかりにならないように、常に感謝の言葉を忘れずに伝えられるとよいですね。

クラスの保護者に理解をお願いする機会にも

　もし、お母さんの心の準備ができているようなら、これを機会に、かおりちゃんのことを温かく見守ってくれているクラスの保護者、理解してくれそうな人に、かおりちゃんの障害について話してみてはどうでしょうか。

　ASDの特性として、変化に弱いこと、そのためにかんしゃくを起こしたり、体調を崩したりすることがあることなどを伝えます。かおりちゃんの理解者を少しずつ増やしながら、担任の先生とも相談し、タイミングを見て保護者会などで話をするのもよいでしょう。

　かおりちゃんのペースに合わせて療育を受けていること、幼稚園での集団生活の経験も大切にしたいというお母さんの気持ちを伝えてみましょう。お母さんの思いや、かおりちゃんの状況がわかると、これからの園生活のサポーターになってくれる友達や親御さんも出てくるはずです。

Case:11

マイペースで、集団活動になると固まってしまう けんたくん（5歳）

けんたは1人で車のおもちゃであそぶのが好きで、あまり友達に関心がありません。
幼稚園では先生の話が理解できず、なかなか集団活動にもなじめないようです。
4歳でASDと診断され、園ではけんただけのために保育の計画を立ててくれています。
専任の先生が支援してくださっていますが、集団活動になると、
教室から出て行こうとしたり、表情も動きも固まってしまったり……。
結局グループから離れて、先生と2人で車のおもちゃであそんでいるようです。
ほかのことにも興味をもってほしいし、年長クラスになったので
集団活動の楽しさも味わってほしいのですが、まだ無理なのでしょうか？

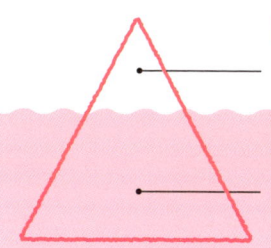

けんたくんの状況を氷山モデルで表すと……

見える部分（言動）
いつも1人であそんでいて、集団活動に参加できない。

見えない部分（理由）
物事を柔軟に考えることが苦手。
聞いて理解したり、覚えたりするのが苦手。
人との交流の仕方がわからない。

それはなぜ？

柔軟に考えるのが苦手

　極端にマイペースだと、友達とのかかわりが少なくなり、年齢相応のコミュニケーション力や社会性がちゃんと育つの？と心配になりますね。

　ASDのある子は物事を柔軟に考えるのが苦手な場合が多く、1人であそぶのが大好きで、興味がかなり限定されている子もいます。

　5歳という年齢を考えると心配されがちな姿ですが、裏を返せば、「熱中できるものがある」という長所としてとらえることもできますね。

指示を聞いて理解したり、覚えたりするのが難しい

　けんたくんが集団活動に参加したがらない理由に、「先生の話が理解できない」「1つ1つの言葉はわかるけど、覚えられない」ということもあるようです。ASDのある子は、聞いて理解する力が極端に弱い場合が多く、一方で、見て理解するのが得意な傾向があります。

友達とどうかかわればよいかわからない

　集団場面だと友達が自分の予想と違う反応や、行動を示すことが多いので、思考の柔軟性がない子は振る舞い方がわからず、混乱してしまいます。

また、ASDのある子は、友達の視線や表情、感情や気持ちなどといった「目に見えない交流」が苦手な傾向もあります。そうなると、周囲で何が起きているのかがわからず、やはり混乱して不安になってしまいます。

「1人でじっくり」は必要な時間

　今のけんたくんにとって、1人でじっくり好きなことをして過ごすことが、心の安定のために必要です。まずは、ありのままを尊重して、受け止めたいですね。その時間と場を十分保障してください。

　「みんなと一緒」を急ぎすぎて、強要してしまうと、かえって人嫌いになったり、集団活動への苦手意識が強まってしまうことも……。

　1人で過ごす時間と集団で過ごす時間、それぞれを楽しむバランスは1人1人違います。けんたくんのペースを大事にしたうえで、5歳の子どもに必要な体験を楽しみながら提供していきたいですね。

集団場面での不安を減らす方法を検討

　クラス全体に向けた指示が理解できないと、来年からの学校生活が心配です。けんたくんにとって、どのような伝え方が理解しやすいのか、今から見つけておけるとよいですね。

　ここからはおもに、保育園や幼稚園の保育者さん向けのアドバイスになります。

　集団活動に参加するときには、けんたくんが感じている不安に対してどのような配慮が必要なのかを検討します。おもに、「指示の伝え方」と「集団活動になじむためのアプローチ」について、考えてみましょう。

集団場面での不安を減らす工夫

指示の伝え方

●「目で見てわかる」工夫

実物や絵など「見てわかる手がかり」を提示（2章 P.86、P.87参照）。忘れたときに思い出すのにも有効で、ほかの子にもわかりやすい。

●指示の言葉はシンプルに

説明の言葉は短く、シンプルに（2章 P.83参照）。

集団になじむためのアプローチ

●場を共有するところから

専任の先生と一緒に、その場にいることから始める。

●個人のペースで集団活動に参加

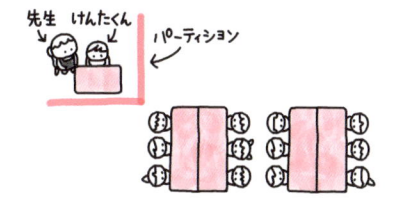

不安が強ければ、集団活動の空間にパーティションなどで個別のスペースをつくり、そこで活動する。

●逃げ込める「マイスペース」を確保

集団にいることがつらくなったら、いつでも逃げ込めるスペースを常設（2章 P.70参照）。このスペースがある安心感から、飛躍的に集団活動に参加できるようになった子も。

少しずつ体験を広げる

　けんたくんの興味や体験を広げていくには、好きなことを生かすとよいでしょう（2章 P.103 参照）。

　好きな車について話をする、車の絵をかいたり紙で作ったりする、車をテーマにしたゲームであそぶ、車の絵のかかれたトランプであそぶ……など、可能な範囲で、興味のある物を素材にしてかかわります。

　慣れてきたら、作った車を走らせて一緒にあそんでみる、電車や船など、車以外の乗り物も登場させてみる、お客さんを車に乗せるやり取りを入れてみるなど、少しずつ幅を広げていくとよいでしょう。

　ただし、無理は禁物。無理やり大人がやらせてしまうと、楽しい体験・記憶としてけんたくんの中に残りません。

　あそんでみたい、だれかと一緒にやってみたいという思いが、自然にわき出てくることを大切にしてください。

園と計画を共有して

　幼稚園の先生も、けんたくんはまだ集団の中では不安が強く、楽しむことが難しいと判断していると考えられます。年長クラスになって、集団行動が求められる機会が多くなる中で、けんたくんの意思を尊重しながら、どうしたら楽しく参加できるかを探っているのではないでしょうか。

　お母さんが不安や疑問を感じているなら、先生の考えを率直に聞いてみるとよいでしょう。「最近のようすはどうですか？　みんなと活動できることはありますか？」などと質問すると、丁寧に答えてくれるはずです。

　そのときに園が作成している保育の計画を、先生と一緒に確認しながら話ができるとよいですね。計画の意図を尋ねると、先生のけんたくんの見方やかかわりについての考え方が整理されるでしょう。

　ここで親御さんに心に留めてほしいのは、「けんたくんの計画」ではあるけれど、それはあくまでも「クラスの中での計画・配慮」だということ。集団の中で個別に支援してもらえることには、どうしても限りがあります。園の状況にも理解を示しながら、無理のない配慮をお願いしましょう。それが、一貫した支援を長続きさせるコツです。

焦らずに時間をかけて

　これまでに紹介したようなかかわりを丁寧に繰り返すことで、「みんなと一緒は苦手だけど、ここだけは一緒にやってみようかな」「心配だけど、大人に手伝ってもらって体験してみよう」という気持ちが育ってきます。

　こうして、ゆっくりですが周囲の状況が見えてきて、安心できる環境の中で、人とのかかわり方を理解していくのです。

　今すぐ「ほかの子と同じように」と焦らずに、「2〜3年かかるかも」と、少しのんびり構えてみてください。今は、けんたくんが人を信頼できるベースをつくることが何よりも大切です。

Case:12

通常の学級での学校生活が苦痛な りょうくん（7歳）

りょうは就学時健診で、知的な遅れはないものの、
ASDとADHDの疑いがあると言われました。
就学を考えるとき、保育園の先生から、集中力の弱さ、
友達とのトラブルの多さ、着替えや支度に時間がかかることなどを指摘され、
個別の支援が行き届く特別支援学級を勧められました。
でも、息子の可能性が狭められるような気がして、特別支援学級について
情報を得ないまま、通常の学級に入学しました。最近表情が暗く、
学校に行きたくないと言います。やはり通常の学級は無理なのでしょうか。

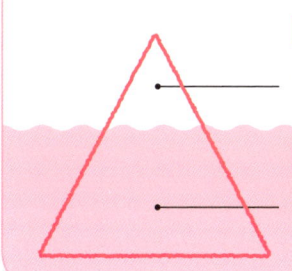

りょうくんの状況を氷山モデルで表すと……

見える部分（言動）
活動に集中できず、友達とのトラブルが多い。
身辺のことをするのに時間がかかる。

見えない部分（理由）
刺激に反応しやすい。
気持ちや行動のコントロールが難しい。
不器用。

**それは
なぜ？**

通常の学級でやっていくのに必要な2つの力

　知的な遅れがない場合、通常の学級に入学させたい思う親御さんは多いですし、実際にASDやADHDと診断されていて、通常の学級に入学する子はたくさんいます。通常の学級でやっていくには次の2つの力が必要です。

①知的能力………勉強するために必要な力
②集団適応力……同年齢の子ども集団の中で、年齢相応に振る舞う力、
　　　　　　　　　対人関係をはぐくむ力

　りょうくんは知的な遅れはないので、「集団適応力」が気になります。

集団生活で特別な支援が必要かどうか

　「集団適応力」の具体的な視点には、次のようなことが挙げられます。

●先生の話を着席して聞き、集中して活動に取り組むことができる
●学校でのルールを守り、苦手なことにも取り組むことができる
●着替えや食事などの基本的生活習慣が自立し、身の周りのことができる
●友達とコミュニケーションがとれる　　　など

　そして、これらのことができないために、学校生活が苦痛になったり、自信を失ってしまったりしないことが重要です。

もちろん、入学したてのころは、どの子も新しい環境に慣れずに不安になりますが、1〜2か月経つと集団に適応できるようになっていきます。

りょうくんの状態は、慣れるのに時間がかかっているのか、それとも、刺激への反応のしやすさや気持ちや行動のコントロールの難しさ、不器用さ、といった特性によるものなのかを見極める必要があるでしょう。

本人の状況を学校の先生と共有して

りょうくんからは「つらい」というサインが出ています。これが続くと、不登校などの二次障害（1章 P.51〜参照）につながる心配も……。

まずは、担任の先生と相談することが何より大切です。学校に行きたくないのはどうしてなのか、その原因を話し合ってみましょう。そして、りょうくんに合った教育環境や学習スタイルを検討し直します。

1回の相談で解決するとは思わずに、先生に何度か面接をお願いして、考えていきましょう。

学校との相談の進め方

①学校でのようすと家庭でのようすを共有する
②通常の学級の中でできる、本人に合わせた支援について話し合う
③実際に支援を行いながら、本人のようすを見る
④通常の学級の教育環境や学習スタイルが、
　本人にとって無理がないかどうかを話し合う
⑤自信を失っていないかどうかを確認する

今の発達の状態を確認する

　学校生活では「できること・できないこと」を評価される場面が多く、また、子ども同士でコミュニケーションを取らなければなりません。できないことが多くて注意されたり、友達とのトラブルが多かったりすると、つらい毎日を送ることになってしまいます。

　学校から、各自治体の教育委員会が行う教育相談（4章 P.140 参照）につないでもらうと、必要に応じて、専門家が発達の評価をしてくれたり、学校に出向いて相談に応じてくれたりします。

　「得意なこと・苦手なことは何か」など、りょうくんの発達の状態を把握することができれば、どう対策を立てたらよいかが明確になるでしょう。いきなり教育相談を利用するのは気が引ける……という場合は、スクールカウンセラー（4章 P.140 参照）に相談するのもよいでしょう。

転級や転校も視野に入れて

　りょうくんがなかなか学校生活に自信がもてず、登校を渋り続けてつらそうなら、通級での指導や特別支援学級（4章 P.137 参照）への転級を検討したほうがよいかもしれません。通級や特別支援学級は同じ学校にあるとは限らないため、その場合は転校も視野に入れる必要があります。

　心配な状況ですが、早いうちに気づくことができてよかった、りょうくんを理解するためのよいきっかけだと、前向きにとらえましょう。

　相談機関も活用し、りょうくんにとってどういう学習環境がベストなのか、積極的に学校と話し合ってみてください。

さくいん

参考文献

『DSM-5対応 神経発達障害のすべて(こころの科学Special Issue)』連合大学小児発達学研究科 森則夫・杉山登志郎 編(日本評論社)2014

『障害児保育ワークブック』星山麻木 編著 藤原里美 著(萌文書林)2012

『発達障害とその子「らしさ」~児童精神科医が出会った子どもたち~』田中哲 著(いのちのことば社)2013

『多様な子どもたちの発達支援 なぜこの行動? なぜこの対応? 理解できる10の視点』藤原里美 著(学研教育みらい)2015

『多様な子どもたちの発達支援 園内研修ガイド』藤原里美 著(学研教育みらい)2015

『はじめての療育 わかって安心! 発達障害の子どもとの上手なかかわり方』藤原里美著 おちゃづけ 漫画(学研教育出版)2015

『わかってほしい! 気になる子』田中康雄 監修(学研プラス)2004

『発達障害のある子を理解して育てる本』田中哲 藤原里美 監修(学研プラス)2015

おわりに

最後まで読んでいただいてありがとうございます。
あなたのそばにいるお子さんを理解するためのヒントが見つかったでしょうか？

自閉症スペクトラムのある子どもたちは、少数派のタイプの脳をもっているといわれ、多数派のわたしたちとは異なる感じ方や考え方をしていることがあります。このタイプの脳をもつと、物事を判断したり、理解したりするための基準——
「ものさし」も特有なものになりがちで、ときにわたしたちには理解しにくい行動を引き起こすのです。

例えば「シャワーが痛い」と泣く子に、思わず「痛いはずないでしょ。慣れるから練習しなさい」と言ったり、「この服じゃなきゃ嫌‼」と、まだ乾いていない服を抱きしめる子に、「どの服だって同じ。違う服でもいいじゃない」と感じたりする方がいらっしゃるかもしれません。
でも、シャワーが痛かったり、この服じゃなきゃ嫌だったりするのは、努力不足でもわがままでもありません。なぜならその感じ方や考え方は、その子にとって大切な「ものさし」だからです。
互いの「ものさし」が異なることから、こんなズレが起こるのです。
この本は、自閉症スペクトラムのある子どもがもっているそんな「ものさし」について、理解が進むように願いを込めて書かれています。

もしあなたの理解が深まったなら、まずはその子の「ものさし」を受け入れてみてください。そして、「シャワーが痛いの？　どのくらい？」、「この服がよかったんだね。どうして？」と聞いてみましょう。

　お子さんは、まだうまく答えられないかもしれません。でも、「わたしの大切なものさしを認めてくれた。受け入れてくれた」と感じ、安心することでしょう。

　わたしは、自閉症スペクトラムのある子どもに一番必要なのは、この「安心感」だと考えています。少し異なる「ものさし」をもって生きていくことは、実はとても大変なことなのです。ですから、その大変さを身近な人が理解し、受け止めてくれること ── 子どもにとってこれほど心強いことはないでしょう。

　例えば「このＴシャツが好きなら、２枚買っておこう」など、その子の「ものさし」に合わせた工夫をする。ここからがスタートです。

　そのうえで、「でも、寒いときは長そでを着ようね」というように、「あなたの『ものさし』はわかったけれど、ここは切り替えてみよう」と、より生活しやすい方法を相談していきましょう。これは、少数派の脳タイプと多数派の脳タイプが互いを尊重し、相手を大事に考えて生活していくことにつながります。

　タイプは異なるけれど、大切に思い合い、支え合う。この本がそんな温かい関係づくりの手助けになれば、これほどうれしいことはありません。

2016年3月　　藤原里美

監 修 田中 哲（たなか さとし）

東京都立小児総合医療センター副院長・子ども家族支援部門長。児童精神科医。
日本児童青年精神医学会理事、日本子どもの虐待防止研究会評議員。
北海道大学医学部卒業後、同大学医学部精神科に入局。その後市立札幌病院静療院児童部、
北小田原病院副院長、東京都梅ヶ丘病院精神科部長、同病院副院長などを経て現職。
日々子どもの診療を行うとともに、発達障害のある子の地域ネットワーク作りや虐待防止活動にも力を注ぐ。

藤原里美（ふじわら さとみ）

元東京都立小児総合医療センター保育主任技術員、明星大学非常勤講師（障害児保育）、
チャルドフッド・ラボ所長、臨床発達心理士、自閉症スペクトラム支援士、早期発達支援
コーディネーター SV、保育士。
発達障害のある子どもの療育、家族の支援を行うとともに、支援者育成にも力を注ぐ。

一般社団法人 こども家族早期発達支援学会   http://kodomokazoku.jp/
監修者（田中・藤原）が役員を務める。乳幼児期からの適切な支援と、発達の多様性に対応する専
門性の高い人材育成、支援ネットワークを確立し、子どもと家族が生涯にわたって支援を受けられる
社会を目ざす。支援者育成、資格認定のほか、保護者向けの研修会・講演会も数多く開催している。

取材協力 酒井明彦 酒井恵子 西田美枝子（自閉症スペクトラム支援士・特別支援教育士）
野口哲也（東京都・聖愛幼稚園園長） 馬場裕美（東京都・立川市立西立川保育園園長）
STAFF 企画編集： 中野明子
ブックデザイン：村崎和寿(murasaki design)
カバーイラスト：カワツナツコ
本文イラスト： 今井久恵 sayasans
編集協力： 小林留美

 **自閉症スペクトラムのある子を理解して育てる本**

2016年 4 月11日 第1刷発行
2019年 1 月29日 第5刷発行
監 修： 田中哲 藤原里美
発行人： 甲原 洋
編集人： 木村友一
企画編集： 東郷美和 長谷川晋
発行所： 株式会社学研教育みらい 〒141-8416 東京都品川区西五反田2-11-8
発売元： 株式会社学研プラス 〒141-8415 東京都品川区西五反田2-11-8
印刷・製本所：大日本印刷株式会社

この本に関するお問い合わせ先
●編集内容については、Tel 03-6431-1576（編集部直通）
●在庫については、Tel 03-6431-1250（販売部直通）
●不良品（乱丁、落丁）については、Tel 0570-000577
  学研業務センター 〒354-0045 埼玉県入間郡三芳町上富279-1
●上記以外のお問い合わせ先は、Tel 03-6431-1002（学研お客様センター）